AF202846

Diogenes Deluxe

Das *I Ging,* auch *Buch der Wandlungen* genannt, ist das älteste Buch Chinas. Man kann es als Orakel befragen, doch sagt es keine eindeutige Zukunft voraus. Vielmehr spricht es in Gleichnissen, die offen sind für persönliche Deutungen und die in ihrer elementaren Bildlichkeit zu einem intuitiven Verständnis der Welt verhelfen können.

THOMAS CLEARY, der Herausgeber des *I Ging,* lehrte im Bereich der asiatischen Philosophie an Universitäten in den USA und in Japan. Zu seinen zahlreichen Übersetzungen gehören Klassiker des Buddhismus, des Zen und des Taoismus.

I Ging

Das Buch der Wandlungen

Herausgegeben von
Thomas Cleary

Aus dem Amerikanischen
von Ingrid Fischer-Schreiber

Diogenes

Titel der 1992 bei Shambhala Publications, Inc.,
Boston & London,
erschienenen Originalausgabe:
›I Ching – The Book of Change‹
Copyright © 1992 by Thomas Cleary
by arrangement with
Shambhala Publications, Inc., Boston
Die deutsche Erstausgabe erschien
1995 im Diogenes Verlag
Covermotiv: Chinesische Schriftzeichen
mit der Bedeutung ›I Ging‹, auf Deutsch:
Buch der Wandlung(en)

Veröffentlicht als Diogenes Deluxe, 2018
Alle deutschen Rechte vorbehalten
Copyright © 1995, 2006, 2018
Diogenes Verlag AG Zürich
www.diogenes.ch
50/18/4/1
ISBN 978 3 257 26146 2

Inhalt

I Ging, das älteste Weisheitsbuch
von Thomas Cleary

Das *I Ging,* das *Buch der Wandlungen,* ist die älteste und komplexeste der klassischen chinesischen Schriften und wurde jahrtausendelang als Orakelbuch, als Führer zu Erfolg und als Weisheitsbuch geschätzt. Die gesamte chinesische Philosophie baut auf seinen Gedanken auf, und es ist die wichtigste Quelle für den pragmatischen Mystizismus des *Daodejing,* für den rationalen Humanismus des Konfuzius und auch für die analytische Strategie der *Kunst des Krieges* eines Sunzi.

Das *Buch der Wandlungen* wurde vor über dreitausend Jahren von einem König und seinem Sohn verfasst, die Schüler eines taoistischen Weisen waren. Sechshundert Jahre später wurde das Werk von Konfuzius, dem großen Gelehrten und Pädagogen, analysiert und kommentiert. Das Ergebnis dieser Arbeit war der Text in seiner heute bekannten Form, eine Sammlung von Ratschlägen, die die Ursachen, die hinter dem Aufstieg und Fall von Königreichen und Personen stehen, erhellen.

Nach traditioneller Auffassung hatten die Zeichen im *Buch der Wandlungen* ursprünglich die Funktion eines Notationssystems und stellten ein Werkzeug dar, mit Hilfe dessen symbolisch Assoziationen hergestellt und Beziehungen definiert werden konnten. Dieses System entwickelte sich zu einer logischen Sprache zur Beschreibung von Ereignissen und Handlungen.

Die Anfänge des *Buchs der Wandlungen* liegen also in den Ursprüngen der Schrift selbst, in dem Versuch, Phänomene und Ereignisse mit Hilfe von Schriftzeichen zu beschreiben. Die Strukturen des *Buchs der Wandlungen* repräsentieren dynamische Muster von Kausalzusammenhängen, und der gesamte Aufbau des Werkes stellt eine Symbolsprache dar, die Beziehungen und deren Wandel im Lauf der Zeit beschreibt.

Ursprünglich wurde das *Buch der Wandlungen* auf Bambusstreifen oder Baumrinde niedergeschrieben, die zu Zwecken der Befragung aufgelegt wurden, aber weder in Form noch im Aufbau einem Buch, wie wir es heute kennen, ähnelten.

Die innere Ordnung wurde durch die Beziehungen zwischen den wichtigsten Symbolen aufrechterhalten. Aufgrund der Komplexität dieser Symbole konnten mehrere verschiedene Systeme von Wechselbeziehungen innerhalb der inneren Ordnung des abstrakten *Buchs der Wandlungen* nebeneinander bestehen.

ZUM GEBRAUCH DES BUCHS DER WANDLUNGEN

Eine bequeme Methode, das *Buch der Wandlungen* zu befragen, wird in jenem Anhang, der von Konfuzius stammen soll, beschrieben und beruht auf den Prinzipien:

Der Wandel kennt eine absolute Grenze;

Diese erzeugt die zwei Erscheinungsweisen;

Die zwei Erscheinungsweisen erzeugen die vier Bilder;

Die vier Bilder erzeugen die acht Trigramme;

Die acht Trigramme bestimmen Glück und Unglück.

Diese Formel beinhaltet die Grundstruktur des *Buchs der Wandlungen,* von der sich die einfachste Methode, das Buch zu befragen, ableitet.

1. Die »absolute Grenze« des Wandels bezieht

sich auf geistige Ruhe. Der erste Schritt beim Befragen des *Buchs der Wandlungen* besteht darin, den Geist zur Ruhe zu bringen.

2. Die »zwei Erscheinungsweisen« sind Yin und Yang. Diese abstrakten Begriffe repräsentieren Biegsamkeit und Festigkeit, Schwäche und Stärke, Stille und Bewegung, Passivität und Aktivität, Trauer und Freude, Depression und Begeisterung.

Kann der Leser die Yin- bzw. Yang-Faktoren und Eigenschaften bei einem Menschen oder in einer Situation erkennen, hilft ihm das, die Aussagen über die Yin- oder Yang-Komponenten der einzelnen Zeichen des *Buchs der Wandlungen* zu verstehen und anzuwenden. Dabei muss berücksichtigt werden, dass im *Buch der Wandlungen* Yin und Yang nicht das Weibliche und das Männliche symbolisieren. Im Symbolismus dieses Systems repräsentiert die Frau Yin und der Mann Yang, aber nicht umgekehrt. Ein weibliches Symbol steht daher nicht für das weibliche Geschlecht und ein männliches Symbol nicht für das männliche Geschlecht; Yin steht nicht für die Frau und Yang nicht für den Mann. Yin und Yang sind universelle Komplemente, die in allen Menschen und allen Ereignissen vorhanden sind.

Es ist außerdem wichtig zu verstehen, dass Yin

und Yang nicht gut beziehungsweise schlecht repräsentieren. Yin und Yang können sowohl gut als auch schlecht sein, je nachdem, welche Funktion die jeweilige Eigenschaft in einer bestimmten Situation hat.

3. Die »vier Bilder« heißen altes (reifes, großes) oder junges (kleines) Yin und Yang. Der Yin-Modus ist unterteilt in altes Yin und junges Yang, auch dem Höhepunkt zustrebendes Yin oder anfängliches Yang genannt. Der Yang-Modus ist unterteilt in altes Yang und junges Yin, auch dem Höhepunkt zustrebendes Yang und anfängliches Yin genannt.

Diese Unterteilungen verdeutlichen das Prinzip, dass die Yin- und Yang-Erscheinungsformen nichts Statisches sind, sondern sich immer in einem Prozess des Zunehmens oder Abnehmens befinden.

4. Die »acht Trigramme«, die aus den vier Formen von Yin und Yang entstehen, vervollständigen die grundlegende Struktur des *Buchs der Wandlungen* und ergeben jene Symbole, die zur schnellen Befragung des Buches verwendet werden:

Alte Yang-Trigramme: HIMMEL und SEE
Junge Yin-Trigramme: DONNER und FEUER
Alte Yin-Trigramme: ERDE und BERG
Junge Yang-Trigramme: WASSER und WIND

Die Kombinationen dieser acht Symbole bilden das Herzstück der 64 Kapitel des *Buchs der Wandlungen*. Die Befragung beruht denn auch auf der Nebeneinanderstellung ihrer symbolischen Werte:

HIMMEL symbolisiert *Stärke* oder *Kreativität*.

SEE symbolisiert *Freude* oder *Anziehung*.

DONNER symbolisiert *Initiative* oder *Handeln*.

FEUER symbolisiert *Aufmerksamkeit* oder *Bewusstsein*.

ERDE symbolisiert *Empfänglichkeit* oder *Ergebenheit*.

BERG symbolisiert *Innehalten* oder *Ruhe*.

WASSER symbolisiert *Leidenschaft* oder *Gefahr*.

WIND symbolisiert *Eindringen* oder *Nachfolgen*.

Bei der Befragung wird ein Symbolpaar ausgewählt, das Eigenschaften repräsentiert, die die betreffende Situation charakterisieren. Diese Eigenschaften können für Aspekte der Persönlichkeit und des Charakters einzelner Menschen oder Gruppen stehen, genauso aber auch für die dominanten Kräfte, die ein Ereignis, eine Aktivität oder ein Unterfangen charakterisieren.

Jedes Symbolpaar ergibt zwei Hexagramme (oder ein Hexagramm, bei dem dasselbe Symbol zweimal genommen wird). Diese bilden den Text für die Befragung und werden in der weiter unten beschriebenen Art und Weise gelesen. Benützen Sie bitte die Tabelle hinten auf Seite 249, was die Kombinationen der Trigramme und die Hexagramme, die sie bilden, betrifft. Die angeführten Beispiele am Ende der Einführung zeigen typische Beziehungen und Situationen, die sie darstellen können.

Wie die ausgewählten Hexagramme auf die betreffende Situation angewandt werden, ist eine persönliche Angelegenheit, denn die Natur des *Buchs der Wandlungen* impliziert, dass die Bedeutungen je nach individuellen Faktoren wie Persönlichkeit und Stimmung des Lesers variieren. Um einen tieferen Einblick zu erhalten, kann jedes Hexagramm auch zu zwei anderen in Beziehung gesetzt werden, zu einem primären Korrelat und einem strukturellen Komplement. (In einigen wenigen Fällen decken sich die beiden.) Im Anhang sind die primären Korrelate und strukturellen Komplemente angeführt.

In der eigentlichen Praxis haben Anwender des *Buchs der Wandlungen* es traditionellerweise immer als ein ganzes System gelesen und es auf dem

Hintergrund seiner gesamten Philosophie interpretiert. Es ist diese umfassende Ganzheit und die Kohärenz des Buches, die erst seine Effizienz ausmachen; es wird daher traditionellerweise empfohlen, das Buch als Ganzes zu lesen, um den größtmöglichen Gewinn daraus zu ziehen.

Die einzelnen Abschnitte und ihre Interpretation:

Das erste Element einer individuellen Interpretation ist der Name des Hexagramms, der ein gewisses Thema anzeigt, das aus einem archetypischen Element oder Aspekt des menschlichen Lebens besteht. Darauf folgt eine kurze Darstellung des pragmatischen philosophischen Inhaltes dieses Themas.

Der nächste Abschnitt ist das »Gesamturteil«, die Analyse des Themas und der philosophischen Darstellung, die von Konfuzius stammen soll. Darin werden die Beziehungen der Elemente, die die Trigramme darstellen, herausgearbeitet. Daran schließt sich ein Aphorismus an, der ebenfalls Konfuzius zugeschrieben wird und der auf der Bildsprache des Hexagramms als ein Paar spezifischer Trigramme basiert.

Das Thema, die Darstellung, das Gesamturteil und der bildhafte Aphorismus bilden das abstrakte Herzstück eines jeden Kapitels und sind die Teile, die man im alltäglichen Leben in Mußestunden liest oder um sich die im *Buch der Wandlungen* verborgene Weisheit zu erschließen.

Die darauffolgenden Aussagen zu den einzelnen Linien geben Hinweise, wie man in Situationen relativer Stärke oder Schwäche auf spezielle Weise reagieren kann. Sie werden auch dann gelesen, wenn die Befragung sich auf unerwartete oder unvorhersagbare Veränderungen bezieht. Aufgrund des Beziehungsrahmens können sich die Aussagen zu den einzelnen Linien auch auf vergangene, zukünftige oder andere Faktoren außerhalb der unmittelbaren Gegenwart beziehen.

Berücksichtigt man auch die primären Korrelate und die strukturellen Komplemente des betreffenden Hexagramms, erhält man eine erweiterte Sicht der Lage und kann in tiefere Schichten der Interpretation vordringen.

Schlüssel:

HIMMEL: Stärke/Kreativität
SEE: Freude/Anziehung
DONNER: Initiative/Handeln
FEUER: Aufmerksamkeit/Bewusstsein
ERDE: Empfänglichkeit/Ergebenheit
BERG: Innehalten/Ruhe

WASSER: Leidenschaft./Gefahr
WIND: Eindringen/Nachfolgen

Beispiele:

1. Eine Beziehung zwischen einem Menschen, der sehr intelligent ist, und einem anderen, der sehr anpassungsfähig ist, kann durch eine Kombination von Feuer und Wind symbolisiert werden. Feuer über Wind ergibt das Hexagramm Nummer 50, DER SCHMELZTIEGEL. Wind über Feuer ergibt Nummer 37, DIE FAMILIE.

2. Eine Situation, in der eine Gruppe bei einer Unternehmung unbedingt weitermachen will, während eine andere Gruppierung zögerlich und zurückhaltend ist, kann durch eine Kombination von Donner und Berg dargestellt werden. Donner über Berg ergibt Nummer 62, DIE VORHERR-SCHAFT DES KLEINEN. Berg über Donner ergibt Nummer 27, DAS ERNÄHREN.

3. Wenn Sie dazu tendieren, in einer gefährlichen Lage sorglos zu handeln, so kann dies durch eine Kombination von See und Wasser symbolisiert werden. See über Wasser ergibt Nummer 47, DIE ERSCHÖPFUNG. Wasser über See ergibt Nummer 60, DIE REGELUNG.

Die üblichen Methoden
der Orakelbefragung
von Ingrid Fischer-Schreiber

Neben diesem von Thomas Cleary beschriebenen intuitiv-meditativen Ansatz haben sich im Laufe der Geschichte zwei weitere Methoden der Orakelbefragung herausgebildet, die es auch dem Anfänger relativ leicht machen, das *I Ging* zu benutzen: das Münzorakel und das Schafgarbenorakel.

Das Schafgarbenorakel stellt die traditionellere, kompliziertere, aber auch von vielen als »zuverlässiger« angesehene Methode des Orakelnehmens dar. Die entsprechende Anleitung findet sich in der Übersetzung des *I Ging* von Richard Wilhelm (Diederichs Verlag).

Die einfachste Methode, das *I Ging* zu befragen, bildet das Münzorakel. Dazu braucht man lediglich drei Münzen.

Man formuliert die Frage und konzentriert sich darauf. Dann wirft man die drei Münzen gleichzeitig auf eine ebene Fläche. Die »Zahl« gilt als Yin und stellt den Wert 2 dar, der »Kopf« gilt als Yang und stellt den Wert 3 dar. Dies ergibt dann den Charakter der Linie.

Das Ergebnis der einzelnen Würfe (ein Wurf ergibt eine Linie eines Hexagramms) wird folgendermaßen notiert:

2mal Zahl,
1mal Kopf = 7 —— Yang (statische Linie)
2mal Kopf,
1mal Zahl = 8 – – Yin (statische Linie)
3mal Zahl = 6 – X – Yin (bewegte Linie)
3mal Kopf = 9 –O– Yang (bewegte Linie)

Diesen Vorgang wiederholt man sechsmal, die Ergebnisse werden übereinander notiert, d. h., der erste Wurf ergibt die unterste Linie des Hexagramms. Mit Hilfe der Tabelle auf Seite 249 wird das Hexagramm identifiziert.

In diesem Hexagramm wird die grundlegende Situation und das der Frage angemessene Verhalten beschrieben. Im Allgemeinen bezieht es sich auf die gegenwärtige Situation bzw. die unmittelbare Vergangenheit.

Nun liest man den Text zum betreffenden Hexagramm bis zu den Kommentaren zu den einzelnen Linien. Nur wenn das Hexagramm auch bewegte Linien (Sechser und Neuner) enthält, sollte auch der Text zu diesen Linien gelesen werden.

Enthält ein Hexagramm bewegte Linien, wandelt es sich in ein neues Hexagramm, in dem jede der bewegten Linien sich in die entgegengesetzte wandelt, d. h., die 6 (Yin-Linie in Bewegung) wird zur 7 (statische Yang-Linie), die 9 wird zur 8.

Dieses neue Hexagramm beschreibt die bevorstehenden Entwicklungen der gegenwärtigen Situation, zu denen es kommt, da das Yin bzw. Yang in Bewegung auf ihrem Höhepunkt in ihr Gegenteil umschlagen. Zu diesem Hexagramm liest man nur den Haupttext, nicht die Kommentare zu den einzelnen Linien.

I GING

Das Buch der Wandlungen

I.

Das Schöpferische

Großer Erfolg fördert das Aufrechte und Wahrhafte.

GESAMTURTEIL

Groß und umfassend ist wahrlich die Wirkkraft der schöpferischen Grundlage. Alle Dinge und alle Wesen erstehen aus ihr, und so bildet sie die Ganzheit der Natur.

Wie Wolken, die dahinziehen und es regnen lassen, strömen die Dinge und Wesen in ihre Gestalt ein. Wenn du ein umfassendes Verstehen dieser Prozesse besitzt und deren Anfang und Ende erkennst, wenn die sechs Stufen zur rechten Zeit vollendet werden, dann reitest du auf den sechs Drachen, um dir die Natur nutzbar zu machen.

Der entwicklungsfördernde Weg des Schöpferischen gestaltet das wesenhafte Leben und wahrt
die Unversehrtheit der alles einschließenden Harmonie. Das ist es, was dem Aufrechten und Wahrhaften förderlich ist. Wenn es sich zeigt, um die
Menschen zu führen, herrscht Frieden in allen
Ländern.

DAS BILD

Die Bewegung der Natur ist kraftvoll; edle Menschen benützen sie, um sich selbst unablässig zu
stärken.

DIE EINZELNEN LINIEN

1 *Yang.* Benütze den versteckten Drachen
  nicht. – *Bild* – Benütze den versteckten Drachen nicht, wenn die positive Energie schwach
  ist.
2 *Yang.* Wenn du den Drachen auf dem Feld erblickst, ist es förderlich, große Menschen zu
  sehen. – *Bild* – Wenn du den Drachen auf dem
  Feld erblickst, so bedeutet dies, dass dein inneres Wesen, deine Eigenschaften und deine

Kraft alles beeinflussen, was du tust, so du dich ihrer bedienst.

3 *Yang.* Wenn edle Menschen den ganzen Tag schöpferisch tätig und in der Nacht wachsam sind, dann wird ihnen in gefährlichen Situationen kein Fehler unterlaufen. – *Bild* – Schöpferisch tätig sein bedeutet, den Weg wieder und wieder zu ergründen.

4 *Yang.* Dann und wann mag man sich in die Tiefe schwingen, ohne Makel. – *Bild* – Dann und wann mag man sich insofern in die Tiefen schwingen, als keine Fehler im Entwicklungsprozess aufgetreten sind.

5 *Yang.* Wenn sich fliegende Drachen am Himmel befinden, ist es förderlich, große Menschen zu sehen. – *Bild* – Wenn sich fliegende Drachen am Himmel befinden, so ist dies die Zeit, in der große Menschen schöpferisch tätig sind.

6 *Yang.* Drachen, die zu hoch fliegen, sind voller Reue. – *Bild* – Drachen, die zu hoch fliegen, sind voller Reue – dies bedeutet, dass Fülle nicht von Dauer sein kann.

Yang benützen (lauter Neunen). Wenn du eine Schar von Drachen ohne Haupt siehst, so ist dies glückverheißend. – *Bild* – Wenn alle Linien Neunen sind, dürfen die himmlischen Eigenschaften nicht bewusst an erste Stelle gesetzt werden.

2.

Das Empfangende

Großer Erfolg ist einer keuschen Stute för-
derlich. Edle Menschen haben Orte, wohin
sie gehen können; gehen sie zuerst in die Irre,
so gerät es zu ihrem Vorteil, später einen Füh-
rer zu finden. Mit Yin-Gefährten und ohne
Yang-Gefährten herrscht Frieden; beharr-
lich und wahrhaft zu sein bringt Heil.

GESAMTURTEIL

Wahrhaft vollkommen ist die Größe der empfan-
genden Erde, die die Geburt aller Wesen trägt
und in Einklang mit dem steht, was sie vom Himmel empfängt. Der Reichtum der Erde nährt die
Wesen, ihre Tugend ist eins mit dem Unbegrenz-
ten, sie birgt in sich Schönheit und Herrlichkeit,
wodurch alle Dinge und Wesen gedeihen können.

Die Stute ist der Erde ähnlich, sie durchstreift die unendliche Weite der Erde, sie ist sanft und gelehrig, hilfreich und hingebungsvoll. Edle Menschen gehen irgendwohin: Früher verirrten sie sich und kamen vom Weg ab, später ließen sie sich führen und erlangten das Ewige. Hat man Yin-Gefährten, dann befindet man sich unter Gleichgesinnten; hat man keine Yang-Gefährten, so bedeutet dies, dass am Ende Freude herrscht. Das gute Omen, das Festigkeit und Beharrlichkeit darstellen, entspricht der Grenzenlosigkeit der Erde.

DAS BILD

Die Haltung der Erde ist Empfänglichkeit. Edle Menschen stützen andere dank ihres befruchtenden Wesens.

DIE EINZELNEN LINIEN

1 *Yin.* Gehst du auf Reif, so näherst du dich festem Eis. – *Bild* – Das Gehen auf Reif und das feste Eis stehen für das anfängliche Erstarren des Yin. Folge weiterhin diesem Pfad, und du wirst festes Eis erreichen.

2 *Yin.* Ehrlichkeit, Geradlinigkeit und Großzügigkeit sind allem förderlich, selbst ohne Gewohnheit. – *Bild* – Das Handeln des ausgeglichenen Yin ist ehrlich und geradlinig. Es ist allem förderlich, selbst ohne Gewohnheit, denn der Weg der Erde erleuchtet alles.

3 *Yin.* Verbirg deinen Schmuck; es ist in Ordnung, keusch zu sein. Arbeitest du in der Regierung, tust du nichts, und doch bringst du Dinge zu Ende. – *Bild* – Verbirgst du deinen Schmuck und bist du keusch, handelst du nur zum rechten Zeitpunkt. Stehst du in den Diensten der Führung, ist dein Wissen erleuchtet und umfassend.

4 *Yin.* Verschließe die Tasche, und es gibt weder Tadel noch Lob. – *Bild* – Verschließt du die Tasche, so dass es keinen Tadel gibt, bist du umsichtig, um jeden Schaden zu vermeiden.

5 *Yin.* Ein gelbes Gewand verheißt großes Heil. – *Bild* – Wenn man sagt, ein gelbes Gewand verheiße großes Heil, so meint man, dass der Edle in der Mitte ruht.

6 *Yin.* Wenn Drachen auf dem offenen Feld kämpfen, ist ihr Blut von schwärzlichem Gelb. – *Bild* – Drachen, die auf offenem Feld kämpfen – damit ist gemeint, dass der Weg ein Ende gefunden hat.

Yin benützen (lauter Sechsen). Es ist förderlich, immer beharrlich und wahrhaft zu sein. – *Bild* – Wenn du das Yin benützt, sei stets beharrlich und wahrhaft, um zu einem großen Abschluss zu gelangen.

3.
Die Schwierigkeit

*Großer Erfolg ist dem Wahrhaften förder-
lich. Halte nicht bewusst an einem bestimmten Ziel fest. Es ist förderlich, örtliche Führer
einzusetzen.*

GESAMTURTEIL

In einer schwierigen Situation beginnen das Feste und das Biegsame zusammenzuwirken, und
Probleme entstehen. Handelt der Wahrhafte und
Aufrechte in einer gefährlichen Lage, so erzielt er
einen großen Erfolg. Donner und Regen erfüllen
den Körper, und die Natur bringt Verwirrung
und Dunkelheit hervor. Es ist nützlich, örtliche
Führer einzusetzen, aber dann herrscht kein
Friede.

Wolken und Donner bringen Schwierigkeiten mit sich; deswegen ergründen die edlen Menschen die Ursachen.

DIE EINZELNEN LINIEN

1 *Yang.* Bist du zögerlich und kommst du nicht weiter, ist es förderlich, aufrecht zu bleiben. Es ist nützlich, örtliche Führer einzusetzen. – *Bild* – Auch wenn du nicht weiterkommst, so müssen deine Absichten und Handlungen korrekt sein. Wenn du die Niedrigen achtest, gewinnst du die Herzen vieler Menschen.

2 *Yin.* Wenn dich die Schwierigkeiten am Weiterkommen hindern und du auf dem Pferde sitzt und doch stillstehst, sei nicht feindselig, sondern gehe eine Partnerschaft ein. Ein Mädchen ist keusch; es verlobt sich nicht. Erst nach zehn Jahren verlobt es sich. – *Bild* – Dem Schwachen und Nachgiebigen in dieser Position fällt es schwer, sich des Starken und Unnachgiebigen zu bedienen. Sich nach zehn Jahren zu verloben bedeutet, zum Normalen zurückzukehren.

3 *Yin.* Jagst du den Hirsch, ohne einen Führer zu haben, gehst du nur in den Wald. Edle Menschen fühlen, dass es besser ist aufzugeben und dass Weitergehen nur Bedauern brächte. – *Bild* – Jagst du den Hirsch, ohne einen Führer zu haben, folgst du den wilden Tieren. Edle Menschen geben in diesem Moment auf, da ein Weitergehen vergeblich wäre und nur Bedauern brächte.

4 *Yin.* Du sitzt auf dem Pferde und stehst trotzdem still; strebst du dann eine Partnerschaft an, bringt Weitergehen Heil. Alles ist förderlich. – *Bild* – Es ist vernünftig, sich auf die Suche zu machen.

5 *Yang.* In einer schwierigen Lage sind die Segnungen spärlich; ein wenig Beharrlichkeit bringt Glück, viel Beharrlichkeit bringt Unglück. – *Bild* – In einer schwierigen Lage sind die Segnungen spärlich; das Geben erfolgt noch nicht in großem Umfang.

6 *Yin.* Wenn du auf einem Pferd sitzt und doch stillstehst, weinst du Tränen aus Blut. – *Bild* – Du weinst Tränen aus Blut, doch wie kann das von Dauer sein?

4.
Die Unschuld

Unschuld hat Erfolg. Nicht du suchst die Unschuld, die Unschuld sucht dich. Die erste Weissagung gibt Auskunft, jede weitere stiftet Verwirrung. Verwirrung ist nicht aufschlussreich. Es ist förderlich, sich korrekt zu verhalten.

In der Unschuld lauert Gefahr unter einem Berg. Angesichts der Gefahr innezuhalten, das ist Unschuld.
Unschuld hat Erfolg dank erfolgreichen Handelns zur rechten Zeit. Obwohl nicht du die Unschuld suchst, sucht die Unschuld dich, denn eure Absichten entsprechen einander. Die erste Weissagung gibt Auskunft, denn das Feste liegt in

der Mitte. Jede weitere stiftet Verwirrung, und Verwirrung ist nicht aussagekräftig, denn sie verwirrt die Unschuld. Sich der Unschuld zu bedienen, um Aufrichtigkeit zu nähren, dies ist das Werk der Weisen.

DAS BILD

Unten am Berg entspringt eine Quelle – das Symbol der Unschuld. Edle Menschen nähren ihren Charakter durch fruchtbares Handeln.

DIE EINZELNEN LINIEN

1 *Yin.* Es ist förderlich, Bestrafung einzusetzen, um die Unwissenden aufzurütteln. Werden die Beschränkungen aufgehoben und macht man weiter, folgt Bedauern. – *Bild* – Es ist von Vorteil, Bestrafung einzusetzen, wenn dies mittels gerechter Gesetze geschieht.

2 *Yang.* Das Unschuldige zu umarmen verheißt Gutes. Sich eine Frau zu nehmen verheißt Gutes. Der Sohn tritt die Nachfolge als Familienoberhaupt an. – *Bild* – Tritt der Sohn die Nachfolge als Oberhaupt der Familie an, so steht

dies für das Verbinden von Festigkeit und Biegsamkeit.

3 *Yin.* Nimm das Mädchen nicht. Sieht es einen reichen Mann und hat es sich nicht in der Hand, ist dies nicht förderlich. – *Bild* – Wähle keinen Partner, der nicht zu dir passt.

4 *Yin.* Es ist beschämend, durch Einfalt in Bedrängnis zu geraten. – *Bild* – Durch Einfalt in Bedrängnis zu geraten ist beschämend, weil du dich dadurch von der Wirklichkeit abgebracht hast.

5 *Yin.* Unschuld ist glückverheißend. – *Bild* – Unschuld ist glückverheißend, denn sie ordnet sich harmonisch unter.

6 *Yang.* Will man die Einfalt angreifen, ist es nicht förderlich, verbrecherisch zu handeln; es ist förderlich, Verbrecher abzuwehren. – *Bild* – Es ist förderlich, Verbrecher bewusst abzuwehren; jene oben und jene unten geben ihre Zustimmung.

5.
Das Warten

Wenn im Warten Wahrhaftigkeit liegt, ist es von strahlendem Erfolg gekrönt. Sei beharrlich in der Wahrhaftigkeit, und Glück ist dir sicher. Es ist förderlich, große Flüsse zu durchqueren.

GESAMTURTEIL

Warten ist notwendig, wenn eine Gefahr vor dir liegt, die du überwinden musst. Ist Stärke fest und nicht eingeengt, dann ist ihre Berechtigung nicht in Frage gestellt. Ist das Warten wahrhaftig, dann ist es von strahlendem Erfolg gekrönt; sei beharrlich in deiner Wahrhaftigkeit, und Glück ist dir sicher; dies bedeutet, dass du deinen Platz in der Ordnung der Natur finden wirst, indem du das rechte Gleichgewicht einnimmst. Es ist förderlich, große Flüsse zu durchqueren, das heißt, beständiges Handeln kann Dinge vollbringen.

DAS BILD

Wolken steigen zum Himmel hinauf – das Symbol des Wartens. So entspannen sich edle Menschen und erfreuen sich an Essen und Trinken.

DIE EINZELNEN LINIEN

1 *Yang.* Du wartest vor der Stadt. Förderlich ist es, wenn du versuchst, beharrlich zu sein; so gibt es keinen Fehler. – *Bild* – Du wartest vor der Stadt und bist also nicht durch deine Handlungen in Schwierigkeiten geraten. Es ist förderlich, wenn du versuchst, beharrlich zu sein, denn so kannst du ohne Fehler sein, vorausgesetzt, du hast deine gewohnten Wege noch nicht verlassen.

2 *Yang.* Du wartest auf Sand. Einige wenige kritische Stimmen erheben sich, aber alles nimmt ein glückliches Ende. – *Bild* – Auf Sand zu warten bedeutet, dass in der Mitte Überfluss herrscht. Obwohl sich einige wenige kritische

Stimmen erheben, kann ein gutes Ende herbeigeführt werden.

3 *Yang.* Warten im Schlamm lässt die Feinde nahen. – *Bild* – Warten im Schlamm bedeutet, dass es draußen Unannehmlichkeiten gibt. Sobald du einmal Feinde angezogen hast, sei wachsam und vorsichtig, damit du nicht unterliegst.

4 *Yin.* Du wartest im Blut und kommst aus dem Loch heraus. – *Bild* – Warten im Blut bedeutet, voller Gehorsam zuzuhören.

5 *Yang.* Du wartest bei Wein und Speise; es ist glückverheißend, beharrlich und wahrhaft zu sein. – *Bild* – Bei Wein und Speise ist es gut, keusch zu sein; dies bedeutet, sich ausgeglichen und geziemend zu verhalten.

6 *Yin.* Du begibst dich ins Loch, und drei Gäste kommen, ohne Eile. Respektiere sie, und es wird ein gutes Ende nehmen. – *Bild* – Wenn drei Gäste kommen, die nicht in Eile sind, dann verhalte dich ihnen gegenüber respektvoll, und es wird ein gutes Ende nehmen. Selbst wenn du weder Rang noch Stellung erlangst, wirst du doch nicht viel eingebüßt haben.

6.
Der Streit

Im Streit ist die Wahrheit blockiert; sei wachsam. Ausgewogenheit verheißt Glück, zu Ende führen verheißt Unglück. Es ist förderlich, große Menschen zu sehen, aber es ist nicht förderlich, große Flüsse zu durchqueren.

GESAMTURTEIL

Bei Streit ist oben Stärke und unten Gefahr; es ist ein machtvoller Streit in einer gefährlichen Situation. Streit bedeutet, dass die Wahrheit blockiert wird; sei bedacht darauf, deine Mitte und Ausgeglichenheit zu wahren; dann wirst du Glück haben. Dies bezieht sich auf die Stärke, die aus Ausgewogenheit erwächst. Zu Ende führen wollen verheißt nichts Gutes, denn durch Streit kann nichts zu Ende gebracht werden. Es ist förderlich, große Menschen zu sehen, das heißt, Ausgeglichenheit und Aufrichtigkeit zu schätzen. Es ist nicht förderlich, große Flüsse zu durchqueren, weil es dich in einen Abgrund stürzen würde.

DAS BILD

Himmel und Wasser, die sich in entgegengesetzte Richtungen bewegen – das Symbol des Streites. Deshalb überlegen und planen edle Menschen den Beginn bei allem, was sie tun.

DIE EINZELNEN LINIEN

1 *Yin.* Wenn du nicht für immer auf einer Angelegenheit beharrst, mag es zwar ein bisschen Gerede geben, aber alles wird ein gutes Ende nehmen. – *Bild* – Du beharrst nicht auf einer Angelegenheit, du führst also den Streit nicht fort. Es mag zwar einiges Gerede geben, aber es kommt zu einer Klärung.

2 *Yang.* Wenn du in einer Streitsache nicht gewinnst, geh nach Hause und verstecke dich. Leben dreihundert Familien in deiner Heimat-

stadt, wird es kein Unheil geben. – *Bild* – Wenn
du in einer Streitsache nicht gewinnst, geh
nach Hause und verstecke dich, um Schaden zu
vermeiden. Wird von seiten der Untergebenen
eine Klage gegen die Oberen eingebracht, tau-
chen Probleme auf, die aufgegriffen werden
müssen.

3 *Yin.* Zehrst du von früheren Verdiensten, wird
dir Beharrlichkeit und Eifer ein gutes Ende be-
scheren. Stehst du in den Diensten der Regierung, handle nicht. – *Bild* – Zehrst du von früheren Verdiensten, hast du das Glück, der
aufsteigenden Ordnung zu folgen.

4 *Yang.* Gewinnst du in deiner Streitsache nicht,
kehre um, füge dich deinem Schicksal, und än-
dere dich zum Frieden hin. Es ist glückverheißend, beharrlich zu bleiben. – *Bild* – Du kehrst
um, fügst dich deinem Schicksal und wendest
dich dem Frieden zu: dann ist es glückverheißend, beharrlich zu sein. Da heißt es, keinen
Fehler zu begehen.

5 *Yang.* Streit kann sehr glückbringend sein. –
Bild – Streit ist sehr glückbringend, wenn er
ausgewogen ist und korrekt abläuft.

6 *Yang.* Selbst wenn dir ein Ehrengürtel verlie-
hen wird, wird er dir dreimal entrissen, noch
bevor der Tag zur Neige gegangen ist. – *Bild* –

Selbst wenn du eine Auszeichnung für deinen Sieg im Streit erhältst, bedeutet dies noch lange nicht, dass du der Ehre auch würdig bist.

7.
Die Armee

Wenn eine Armee aufrecht sein soll, ist es günstig, reife Menschen einsetzen zu können; dann gibt es keinen Makel.

GESAMTURTEIL

Eine Armee ist eine Gruppe; aufrecht sein heißt korrekt sein. Jene, die fähig sind, sich einer Gruppe korrekt zu bedienen, können dank dieser Fähigkeit zu Führern werden. Ist die Stärke ausgewogen, findet sie auch Entsprechung. Will man in einer gefährlichen Lage handeln, so setzt dies Gehorsam voraus. Selbst wenn dadurch die Welt vergiftet wird, schließen sich die Menschen an. Wie sollte es einen Makel geben, wenn man Glück hat?

DAS BILD

Im Inneren der Erde ist Wasser – das Symbol der Armee. So sind Führer anderen gegenüber weitherzig und sorgen für die Massen.

DIE EINZELNEN LINIEN

1 *Yin.* Eine Armee muss geordnet ausziehen, sonst droht Unheil, auch wenn der Beweggrund ein guter ist. – *Bild* – Eine Armee muss geordnet ausziehen, denn es droht ihr Unheil, sobald sie ihre Ordnung verliert.

2 *Yang.* Wenn mitten in der Armee Glück herrscht, gibt es keinen Makel. Der Führer gibt dreimal Anweisungen aus. – *Bild* – Wenn mitten in der Armee Glück herrscht, empfängt sie die Segnungen der Natur. Der Führer gibt dreimal Anweisungen aus, weil seine Sorge allen Nationen gilt.

3 *Yin.* Eine Armee verzeichnet Verluste. Das bedeutet Unglück. – *Bild* – Wenn eine Armee Verluste davonträgt, stellt dies einen großen Misserfolg dar.

4 *Yin.* Wenn eine Armee ihr Lager in der Ferne aufschlägt, gibt es keinen Makel. – *Bild* – Wenn

eine Armee ihr Lager in der Ferne aufschlägt, gibt es keine Unannehmlichkeiten, da sich noch nichts Außergewöhnliches ereignet hat.

5 *Yin.* Auf den Feldern sind Schädlinge; es ist förderlich, sie zu fangen und dies anzuzeigen; dann gibt es keinen Makel. Reife Menschen sollten die Unternehmung leiten; unreife Menschen würden Verluste davontragen, auch wenn sie aufrecht und beharrlich sind. – *Bild* – Reife Menschen führen eine Armee mit großer Ausgewogenheit; unreife Menschen erleiden Verluste, weil sie ihrer Aufgabe nicht gewachsen sind.

6 *Yin.* Ein großer Führer gibt die Anweisung, Staaten zu gründen und Familien fortbestehen zu lassen. Niedrige Menschen dürfen nicht gewählt werden. – *Bild* – Große Führer geben Anweisungen dank ihres gerechten Erfolges. Niedrige Menschen dürfen nicht gewählt werden, weil sie mit Sicherheit Unordnung in den Staat bringen würden.

8.
Die Übereinstimmung

Übereinstimmung ist glückverheißend. Wenn die Grundlage für einen Orakelspruch immer richtig ist, dann gibt es keinen Fehler. Die Unsteten werden langsam kommen, wer zu spät kommt, hat kein Glück.

GESAMTURTEIL

Übereinstimmung ist glückverheißend; es bedeutet, einander zu unterstützen und sich anderen harmonisch unterzuordnen. Wenn die Grundlage für eine Weissagung immer richtig ist, gibt es keinen Fehler, denn das Feste ist innerlich ausgewogen. Die Unsicheren werden langsam kommen; jene oben und jene unten entsprechen einander. Wer zu spät kommt, wird kein Glück haben, denn er wird vor verschlossener Tür stehen.

DAS BILD

Über der Erde ist das Wasser – das Symbol der Übereinstimmung; so errichteten die Könige früherer Zeiten unzählige Staaten und standen in enger Verbindung mit deren Führern.

DIE EINZELNEN LINIEN

1 *Yin*. Übereinstimmung mit dem Wahrhaften ist makellos. Füllt das Wahrhafte eine irdene Schale, bringt dies schließlich noch mehr Glück. – *Bild* – Bist du biegsam, wenn du Übereinstimmung erreichen willst, bringt dies noch mehr Glück.

2 *Yin*. Übereinstimmung, die innerer Aufrichtigkeit entstammt, bringt Heil. – *Bild* – Kommt Übereinstimmung aus deinem Inneren, verlierst du dich nicht selbst.

3 *Yin*. Es herrscht Übereinstimmung mit den falschen Menschen. – *Bild* – Ist es nicht schädlich, wenn Übereinstimmung mit den falschen Menschen herrscht?

4 *Yin*. Korrektheit in der Übereinstimmung mit jenen draußen ist glückverheißend. – *Bild* – Stimme mit den Weisen draußen überein,

damit du mit ihrem Fortschritt mithalten kannst.

5 *Yang.* Mache Übereinstimmung offensichtlich. Ein König benützt drei Jäger und verliert das Wild vor ihnen aus den Augen. Wenn die Bürger nicht wachsam sind, verheißt dies Glück. – *Bild* – Machst du Übereinstimmung offensichtlich, nimmst du den Platz in der Mitte ein. Verlierst du das Wild vor dir aus den Augen, dann lässt du vom Widerspenstigen ab und schließt dich dem Harmonischen an. Wenn die Bürger nicht wachsam sind, so zeigt dies, dass die Führung Gleichgewicht geschaffen hat.

6 *Yin.* Übereinstimmung, die keine Richtung hat, bringt Unheil. – *Bild* – Übereinstimmung, die keine Richtung hat, bringt nie etwas zu Ende.

9.
Das Nähren des Kleinen

Das Nähren des Kleinen ist erfolgreich. Dichte Wolken, die keinen Regen bringen, kommen aus einer Region in deinem eigenen Westen.

GESAMTURTEIL

Das Nähren des Kleinen bedeutet, dass Biegsamkeit an Ansehen gewinnt und oben und unten ihm antworten. Kraftvoll, aber doch ergeben, ausgewogen und stark, verfolgst du dein Ziel, und so hast du Erfolg. Dichte Wolken, die keinen Regen bringen, bedeuten, dass alles noch in Bewegung ist; dass sie aus einer Region in deinem eigenen Westen kommen, heißt, dass praktische Maßnahmen noch in die Tat umgesetzt werden müssen.

DAS BILD

Der Wind erhebt sich in den Himmel – das Symbol des Nährens des Kleinen; so verfeinern die Führer die Tugenden ihrer Kultur.

DIE EINZELNEN LINIEN

1 *Yang.* Kehrst du auf dem Weg zurück, wie könnte dies ein Fehler sein? Glück stellt sich ein. – *Bild* – Kehrst du auf dem Weg zurück, ist es glückverheißend, wenn du recht handelst.
2 *Yang.* Zurückführen ist glückverheißend. – *Bild* – Führst du zur Mitte zurück, verlierst du dich nicht selbst.
3 *Yang.* Von einem Wagen werden die Räder entfernt, Mann und Frau wenden ihre Blicke voneinander ab. – *Bild* – Ein Mann und eine Frau, die ihre Blicke voneinander abwenden, können in der Familie keine Ordnung schaffen.
4 *Yin.* Wo Aufrichtigkeit ist, schwindet Blut, und Angst weicht. Es existiert kein Makel. – *Bild* – Wenn Aufrichtigkeit da ist, schwindet Angst, weil auf höherer Ebene Eintracht herrscht.
5 *Yang.* Wo Aufrichtigkeit ist, schafft sie Bin-

dungen, die die Nachbarn bereichern. – *Bild* –
Wo Aufrichtigkeit ist, schafft sie Bindungen,
so dass Reichtümer nicht allein genossen werden.

6 *Yang.* Es hat geregnet, Ruhe ist eingekehrt. Er-
habene Tugend hat sich angehäuft, die Frau ist
keusch und fleißig. Ist der Mond fast voll, ist es
unheilvoll für einen Führer, eine Unternehmung zu beginnen. – *Bild* – Regen, der wieder
aufgehört hat, symbolisiert die Fülle des Er-
reichten. Für einen Führer ist es unheilvoll,
eine Unternehmung zu starten, wenn noch ir-
gendetwas ungeklärt ist.

10.
Das Auftreten

Selbst wenn die Menschen einem Tiger auf den Schwanz treten, werden sie von ihm nicht gebissen. Dies bringt Gelingen.

GESAMTURTEIL

Mit Auftreten ist das Biegsame, das auf Festes tritt, gemeint. Es ist die freudige Antwort auf die Schaffenskraft des Himmels, deshalb kannst du einem Tiger auf den Schwanz treten, ohne dass er dich beißen würde, und dies bringt Gelingen. Ist feste Stärke in rechter Weise ausgewogen und vermagst du den Weg der Führerschaft ohne Leiden zu beschreiten – das ist Erleuchtetsein.

DAS BILD

Oben der Himmel, unten der See – das Symbol des Auftretens. Führer unterscheiden daher oben und unten und festigen den Willen der Menschen.

DIE EINZELNEN LINIEN

1 *Yang.* Trittst du schlicht auf, ist Weitergehen kein Fehler. – *Bild* – Gehst du weiter und trittst du schlicht auf, verwirklichst du allein deine Gelübde.

2 *Yang.* Du trittst auf, und der Weg ist eben; eine Person in der Dunkelheit hat Glück, wenn sie beharrlich und aufrecht ist. – *Bild* – Eine Person in der Dunkelheit hat Glück, wenn sie beharrlich und aufrecht ist, denn sie ruht in ihrer Mitte und lässt sich zu nichts hinreißen.

3 *Yin.* Der Schielende kann sehen, der Lahme kann auftreten. Trittst du einem Tiger auf den Schwanz, beißt er dich. Das bringt Unglück. Ein Soldat wird Herrscher. – *Bild* – Wenn du schielst, kannst du nicht klar sehen; wenn du lahmst, kannst du nicht weit kommen. Das Unglück des Gebissenwerdens liegt darin, dass du eine Position innehast, der du nicht ge-

wachsen bist. Wird ein Soldat zum Herrscher, so bedeutet dies, dass er über einen festen Willen verfügt.

4 *Yang.* Trittst du einem Tiger auf den Schwanz, dann lass große Vorsicht walten, und alles wird ein gutes Ende nehmen. – *Bild* – Äußerste Vorsicht, die zu einem guten Ende führt, ist bewusstes Handeln.

5 *Yang.* Entschlossenes Auftreten bedeutet beharrlichen Eifer. – *Bild* – Entschlossenes Auftreten bedeutet beharrlichen Eifer; dies ist dann der Fall, wenn du deiner Stellung gerecht wirst.

6 *Yang.* Sei umsichtig in deinem Auftreten, und prüfe sorgfältig die Einzelheiten, und die Rückkehr wird äußerst glückverheißend sein. – *Bild* – Eine große Feier wird abgehalten, wenn der Führerschaft erhabenes Glück zuteil wird.

II.
Die Stille

In der Stille geht das Kleine und kommt das Große mit glückverheißendem Erfolg.

GESAMTURTEIL

In der Stille geht das Kleine und kommt das Große mit glückverheißendem Erfolg: Dies bedeutet, dass Himmel und Erde zusammenwirken und alle Dinge und Wesen Erfüllung finden. Oben und unten wirken zusammen, und sie sind eins in ihrem Willen.

Yang im Inneren und Yin im Äußeren symbolisieren innere Stärke, die nach außen hin ergeben ist, so wie ein Mensch, der in seinem Inneren edel ist, aber äußerlich gewöhnlich erscheinen mag.

Die Wege edler Menschen haben Bestand, die

Wege gewöhnlicher Menschen hingegen verlieren
sich.

DAS BILD

Himmel und Erde wirken zusammen – das Symbol der Stille. So vollenden Führer die Wege von
Himmel und Erde und fördern das Gleichgewicht von Himmel und Erde zum Wohle der
Menschen.

DIE EINZELNEN LINIEN

1 *Yang.* Reißt du ein Schilfrohr mit den Wurzeln
aus, reißt du gleichzeitig auch andere Halme
aus. Eine Unternehmung wird glücklich ver-
laufen. – *Bild* – Das Ausreißen des Schilfs und
der glückliche Ausgang einer Unternehmung
beziehen sich auf den Willen, der nach außen
gerichtet ist.

2 *Yang.* Umarme das Verlassene, bediene dich
derer, die in der Lage sind, Flüsse zu durchqueren, vernachlässige nicht die in der Ferne; ver-
schwindet Parteilichkeit, dann kannst du den
Wert ausgewogenen Handelns entdecken. –

Bild – Du umarmst das Verlassene und erfährst den Wert ausgewogenen Handelns; dadurch kannst du Ruhm und Größe erlangen.

3 *Yang.* Es gibt keine Ebene, auf die nicht ein Abhang folgt; es gibt kein Gehen, auf das kein Rückkehren folgt. In Bedrängnis und Schwierigkeiten sind die Beharrlichen und Wahrhaften ohne Makel; lass nicht zu, dass sie sich ob ihrer Aufrichtigkeit grämen, denn sie werden genug zu essen haben. – *Bild* – Es gibt keine Ebene, auf die nicht ein Abhang folgt; dies ist die Grenze zwischen Himmel und Erde.

4 *Yin.* Die Flatterhaften sind nicht mit Reichtümern gesegnet wie ihre Nachbarn. Sie sind nicht auf Wahrhaftigkeit bedacht. – *Bild* – Die Flatterhaften sind nicht mit Reichtümern gesegnet; es mangelt ihnen an Festigkeit und Erfüllung. Sie sind nicht auf Wahrhaftigkeit bedacht; sie hegen verborgene Wünsche.

5 *Yin.* Der Herrscher verheiratet seine jüngere Schwester. Das bringt Glück und ist äußerst verheißungsvoll. – *Bild* – Durch dein Handeln erlangst du Glück; das ist verheißungsvoll, denn du verwirklichst deine Wünsche auf ausgewogene Art und Weise.

6 *Yin.* Stürzen die Befestigungswälle in den Graben, stelle keine Armee auf. Versuchst du, von

deiner Heimatstadt aus Ordnung zu schaffen, so ist dies beschämend, auch wenn es richtig ist. – *Bild* – Die Befestigungswälle, die in den Graben stürzen, stehen für den Zusammenbruch der Ordnung.

12.

Die Stockung

Die Unmenschlichkeit der Stockung ist der beharrlichen Aufrichtigkeit edler Menschen nicht zuträglich. Das Große geht, das Kleine kommt.

GESAMTURTEIL

Die Unmenschlichkeit der Stockung ist für edle Menschen, die beharrlich und aufrecht sind, nicht von Vorteil. Das Große geht, das Kleine kommt; dies bedeutet, dass die Wesen und Dinge ihre Erfüllung nicht finden können, wenn Himmel und Erde nicht zusammenwirken. Wenn oben und unten nicht zusammenwirken, vermag kein Land der Welt zu überleben. Ist Yin im Inneren und Yang im Äußeren, dann bist du im Inneren schwach, aber im Äußeren stark; du bist ein ge-

wöhnlicher Mensch und gibst dir nur den An-
schein eines edlen Menschen. So haben die Wege
der gewöhnlichen Menschen Bestand, während
die Wege der edlen Menschen sich verlieren.

DAS BILD

Himmel und Erde wirken nicht zusammen – das
Symbol der Stockung; unter solchen Bedingungen vermeiden edle Menschen Schwierigkeiten,
indem sie die Tugend der Genügsamkeit pflegen
und es ablehnen, nur für Geld zu arbeiten.

DIE EINZELNEN LINIEN

1 *Yin.* Reißt du ein Schilfrohr mit den Wurzeln
aus, reißt du gleichzeitig auch andere Halme
aus. Korrektheit bringt Glück und Erfolg. –
Bild – Wenn du ein Schilfrohr ausreißt, dann
bringt Korrektheit Glück, weil das Ziel vom
Führer abhängt.

2 *Yin.* Eine dienende Haltung bringt gewöhnlichen Menschen Glück, stellt aber ein Hinder-
nis für große Menschen dar, und doch haben
diese Erfolg dabei. – *Bild* – Wenn große Men-

schen in eine Stockung geraten und doch erfolgreich daraus hervorgehen, stören sie die Menge nicht.

3 *Yin.* Es ist beschämend, getäuscht zu werden. – *Bild* – Getäuscht werden ist deshalb beschämend, weil die Position nicht angemessen ist.

4 *Yang.* Wo ein Befehl ist, existiert kein Makel; Gefährten halten an den Segnungen fest. – *Bild* – Wenn ein Befehl existiert, gibt es keinen Makel; das Ziel wird verwirklicht.

5 *Yang.* Wird der Stockung ein Ende bereitet, bringt das großen Menschen Glück. Doch eingedenk der Zerstörung halten sie weiterhin an allem fest, was ihnen das Überleben sichert. – *Bild* – Das Glück, das großen Menschen beschieden ist, liegt darin, dass sie die rechte Position innehaben.

6 *Yang.* Du kehrst die Stockung um. Anfangs herrscht Stockung, dann Freude. – *Bild* – Wenn die Stockung endet, bricht sie in sich zusammen. Was vermag von Dauer zu sein?

13.
Die Gleichheit mit Menschen

Gleichheit mit Menschen in der Wildnis ist erfolgreich. Es ist förderlich, große Flüsse zu durchqueren. Es ist förderlich, wie edle Menschen aufrecht zu sein.

GESAMTURTEIL

In der Gleichheit mit Menschen findet das Nachgiebige seinen Platz und erlangt sein Gleichgewicht; so antwortet es auf das Schöpferische. Dies nennt man Gleichheit mit Menschen. Wenn es heißt, Gleichheit mit Menschen in der Wildnis sei erfolgreich und es sei förderlich, große Flüsse zu durchqueren, dann bezieht sich dies auf die schöpferische Aktivität. Die geschulte Verstandeskraft ist wirkbereit, wenn ihre Stärke ausgewogen und aufrecht ist; dies ist die Korrektheit der edlen Menschen. Nur edle Menschen vermögen die Denkweise der Welt zu verstehen.

DAS BILD

Himmel und Feuer – das Symbol der Gleichheit mit Menschen. So unterscheiden edle Menschen die Dinge und Wesen nach Arten und Gattungen.

DIE EINZELNEN LINIEN

1 *Yang.* Sei wie die Menschen am Tor, und es wird keinen Makel geben. – *Bild* – Und wer sollte dabei einen Makel finden, wärest du den Menschen jenseits des Tores gleich?
2 *Yin.* Gleichheit mit den Menschen in der Sippe führt zu Beschämung. – *Bild* – Gleichst du dich anderen in sippenhafter Art und Weise an, gehst du den Weg der Beschämung.
3 *Yang.* Du versteckst Krieger im Dickicht und erkletterst einen hohen Hügel. Handle drei Jahre lang nicht. – *Bild* – Du versteckst Krieger im Dickicht; du befindest dich in einer Situation, in der eine starke Gegenkraft wirksam ist.

Drei Jahre lang nicht handeln bedeutet ruhig handeln.

4 *Yang.* Du besteigst die Mauern und greifst erfolglos an. Dies bringt Glück. – *Bild* – Wenn du die Mauern besteigst, ist es nur recht, wenn du keinen Erfolg hast. Das Glück dabei ist, dass du in Bedrängnis gerätst und wieder zur Norm zurückfindest.

5 *Yang.* Im Gleichsein mit den Menschen weinst du zuerst, später lachst du: Der große General ist siegreich und hält dann Treffen ab. – *Bild* – Am Beginn der Gleichheit mit den anderen bedienst du dich ausgewogener Ehrlichkeit; wenn dieser »große General« seine Treffen abhält, gilt, was er sagt.

6 *Yang.* Bist du den Menschen auf dem Lande gleich, gibt es kein Bedauern. – *Bild* – Gleichheit mit Menschen auf dem Lande bezieht sich auf jene Zeiten, in denen du dein Ziel noch nicht erreicht hast.

14.
Der große Besitz

Großer Besitz bedeutet großen Erfolg.

GESAMTURTEIL

Im großen Besitz nimmt Biegsamkeit den wichtigsten Platz ein. Größe ist ausgewogen, und oben und unten entsprechen ihr. Dies nennt man großen Besitz. Die angemessenen Tugenden sind feste Stärke und geschulte Verstandeskraft; jedes Handeln steht in Einklang mit dem Himmel und folgt der Natur; dies ist die Grundlage für großen Erfolg.

DAS BILD

Feuer oben am Himmel – das Symbol des großen Besitzes. So hemmen edle Menschen das Böse und fördern das Gute, indem sie dem Himmel gehorchen und seine Ordnung akzeptieren.

DIE EINZELNEN LINIEN

1 *Yang.* Lass dich nicht mit dem Schädlichen ein, und du wirst frei von jedem Makel sein. Kämpfst du, wirst du ohne Makel sein. – *Bild* – Großer Besitz ist anfangs positiv; du verbindest dich nicht mit Schädlichem.

2 *Yang.* Benutzt du zum Transport einen großen Wagen und existiert ein Ort, wohin du gehen kannst, gibt es keinen Makel. – *Bild* – Benutzt du zum Transport einen großen Wagen, befindet sich die Ladung in der Mitte. Dann gibt es keinen Schaden.

3 *Yang.* Arbeit im Dienste der öffentlichen Wohlfahrt erreicht den Herrscher. Niedere Menschen sind dazu nicht fähig. – *Bild* – Arbeit, die im öffentlichen Interesse geschieht, erreicht den Herrscher. Niedere Menschen richten Schaden an.

4 *Yang.* Es ist kein Fehler, wenn du zurückweist, was unausgeglichen und unklar ist. – *Bild* – Weist du in untadeliger Art zurück, was unausgeglichen und unehrenhaft ist, heißt dies, dass du vernünftig unterscheidest und prüfst.

5 *Yin.* Vertrauen, das auf Gegenseitigkeit beruht und von Würde durchdrungen ist, ist glückverheißend. – *Bild* – Gegenseitiges Vertrauen bedeutet, dass Menschen ehrlich zeigen können, was sie auf dem Herzen haben. Die glückverheißende Form von Würde ist leicht und unbeschwert.

6 *Yang.* Das Glück, das der Hilfe durch den Himmel entspringt, kann allen zuträglich sein. – *Bild* – Das höhere Glück des großen Besitzes entspringt der Hilfe durch den Himmel.

15.
Die Bescheidenheit

Bescheidenheit bringt Erfolg. Edle Menschen bringen Dinge zu Ende.

GESAMTURTEIL

Bescheidenheit bringt Erfolg; der Weg des Himmels besteht darin, nach unten zu wirken und sein Licht erstrahlen zu lassen. Der Weg der Erde besteht darin, sich vom Niederen zum Hohen zu bewegen. Der Weg des Himmels mindert die Fülle und gibt den Bescheidenen; der Weg der Erde führt weg von der Fülle und fließt zum Bescheidenen.

Geister und Götter verletzen das Volle und beglücken das Bescheidene.

Der Weg der Menschen besteht darin, das Volle zu verabscheuen und das Bescheidene zu lieben.

Bescheidenheit ist vornehm und sogar ruhmreich; obwohl sie niedrig ist, kann sie nicht übergangen werden. So bringen edle Menschen Dinge zu Ende.

DAS BILD

Inmitten der Erde erheben sich Berge – das Symbol der Bescheidenheit. Edle Menschen nehmen von jenen, die zu viel haben, und geben jenen, die zu wenig haben. So schätzen sie die Menschen ein, um ihnen unvoreingenommen begegnen zu können.

DIE EINZELNEN LINIEN

1 *Yin.* Bescheiden in ihrer Bescheidenheit, durchqueren edle Menschen große Flüsse; dann ist ihnen das Glück sicher. – *Bild* – Wenn in ihrer Bescheidenheit bescheidene edle Menschen niedrig sind, benützen sie dies, um sich selbst zu bezwingen.
2 *Yin.* Bescheidenheit zum Ausdruck bringen ist glückverheißend, wenn sie wahrhaft ist. – *Bild* – Bescheidenheit zum Ausdruck bringen

ist glückverheißend, wenn sie wahrhaft ist und tatsächlich im Herzen wohnt.

3 *Yang.* Edle Menschen, die hart arbeiten, aber bescheiden sind, werden zu einem glücklichen Abschluss kommen. – *Bild* – Alle Menschen sind bereit, sich edlen Menschen anzuschließen, die hart arbeiten, aber bescheiden sind.

4 *Yin.* In keinem Fall ist es unzuträglich, Bescheidenheit zu verbreiten. – *Bild* – In keinem Fall ist es unzuträglich, Bescheidenheit zu verbreiten, wenn dabei keine Regeln übertreten werden.

5 *Yin.* Wenn du nicht gemeinsam mit deinen Nachbarn in den Genuss von Reichtümern kommst, ist es förderlich anzugreifen; alle werden daraus Nutzen ziehen. – *Bild* – Es ist förderlich anzugreifen, das heißt, es ist förderlich, Unzufriedenheit zu überwinden.

6 *Yin.* Bringst du Bescheidenheit zum Ausdruck, dann ist es förderlich, eine Armee aufzustellen, um Städte und Länder zu erobern. – *Bild* – Bringst du Bescheidenheit zum Ausdruck, bedeutet dies, dass du dein Ziel noch nicht erreicht hast; du kannst eine militärische Unternehmung starten, um Städte und Länder zu erobern.

16.
Das Glück

Um des Glückes willen ist es förderlich, örtliche Führer einzusetzen und die Armee zu mobilisieren.

GESAMTURTEIL

Wenn Glück herrscht, findet Stärke ihre Entsprechung, und Ziele werden erfüllt. Auf harmonische Art und Weise handeln, das heißt Glück. Glück ist harmonisches Handeln; dies gilt auch für Himmel und Erde, und um wie viel mehr dann, wenn örtliche Führer eingesetzt und die Armee mobilisiert werden? Da Himmel und Erde harmonisch handeln, kommen Sonne und Mond nicht von ihrer Bahn ab, und die vier Jahreszeiten irren nicht. Auch Weise handeln harmonisch, deswegen sind die Strafen verständlich und das Volk gehorsam. Die Bedeutung der Zeiten des Glücks ist wahrhaft groß!

DAS BILD

Der Donner, der aus der Erde hervorbricht, und die Erde, die in Bewegung ist, symbolisieren das Glück. Deswegen machten die Führer in früheren Zeiten Musik, um die Tugend zu ehren, und brachten sie den Göttern dar, um sie mit den Vorfahren zu teilen.

DIE EINZELNEN LINIEN

1 *Yin.* Es bringt Unglück, sich über das Glück zu beschweren. – *Bild* – Erst bist du schwach; beschwerst du dich dann über das Glück, wird es dir Unglück bringen, sobald dein Wille sich nicht durchsetzen kann.

2 *Yin.* Sei fest wie ein Felsen; es bedarf keines ganzen Tages, und deine Wahrhaftigkeit wird dir Glück bringen. – *Bild* – Es bedarf keines ganzen Tages, und deine Wahrhaftigkeit wird dir Glück bringen, sofern du wirklich ausgewogen bist.

3 *Yin.* Wenn du aufschaust und Glück erwartest, wirst du es bereuen. Kommst du zu spät, wirst du es bereuen. – *Bild* – Wenn du aufschaust und Glück erwartest, wirst du es bereuen: das bedeutet, dass du dich in einer Position befindest, der du nicht wirklich gewachsen bist.

4 *Yang.* Du bist die Quelle des Glücks und erlangst großen Gewinn. Zweifle nicht daran, dass sich Gefährten sammeln werden. – *Bild* – Quelle des Glücks zu sein und großen Gewinn zu erlangen bedeutet, ein Vorhaben ganz zu verwirklichen.

5 *Yin.* Sei beharrlich, wenn du krank bist, und du wirst weiterbestehen, ohne zu sterben. – *Bild* – Hier bedeutet Beharrlichkeit in der Krankheit, dass du dir die Stärke zunutze machst. Du bestehst weiter, ohne zu sterben, da du das Gleichgewicht nicht eingebüßt hast.

6 *Yin.* Verblendete Freude wandelt sich, sobald sie entstanden ist; es ist niemandes Fehler. – *Bild* – Verblendete Freude hat ihren Höhepunkt erreicht. Was vermag von Dauer zu sein?

17.
Das Nachfolgen

Das Nachfolgen ist ein großer Erfolg. Es ist förderlich, wenn es stimmt; dann existiert kein Makel.

GESAMTURTEIL

Im Nachfolgen kommt das Feste unter dem Biegsamen und folgt freudig dessen Bewegung. Wenn ein großer Erfolg korrekt ist, existiert kein Makel, und die Welt folgt den Jahreszeiten. Die Bedeutung, die im Folgen der Jahreszeiten liegt, ist wahrhaft tiefgründig!

DAS BILD

Inmitten des Sees ist der Donner – das Symbol des Nachfolgens. So kehren edle Menschen ein und rasten bei Sonnenuntergang.

DIE EINZELNEN LINIEN

1 *Yang.* Ändern sich die Aufgaben, ist es glückverheißend, wenn sie korrekt sind. Beziehungen außerhalb des Tores sind verdienstvoll. – *Bild* – Ändern sich die Aufgaben, ist es glückverheißend, sich dem anzuschließen, was recht ist. Sind Beziehungen außerhalb des Tores verdienstvoll, bedeutet dies, nicht zu irren.

2 *Yin.* Kümmerst du dich um ein Kind, verlierst du einen Erwachsenen. – *Bild* – Kümmerst du dich um ein Kind, kannst du nicht gleichzeitig mit dem Kind und dem Erwachsenen sein.

3 *Yin.* Kümmerst du dich um einen Erwachsenen, verlierst du ein Kind. Folgst du nach und strebst du dabei nach Gewinn, ist es förderlich, beharrlich zu bleiben. – *Bild* – Kümmerst du dich um einen Erwachsenen, bist du willens, das Niedrige hinter dir zu lassen.

4 *Yang.* Folgst du voll Begehrlichkeit nach, wirst

du kein Glück haben, auch wenn du beharrlich bist. Bist du wahrhaft und bleibst du dank deiner Klarheit auf dem Weg, wie kann da ein Makel sein? – *Bild* – Folgst du voll Begehrlichkeit, bedeutet dies an sich Unglück. Bist du wahrhaft und bleibst du auf dem Weg, verdankst du dies deiner Klarheit.

5 *Yang.* Wahrhaftigkeit im Guten ist glückverheißend. – *Bild* – Wahrhaftigkeit im Guten ist glückverheißend; dies bedeutet, dass der Platz genau in der Mitte liegt.

6 *Yin.* Bist du von etwas abhängig, folgst du nach, untrennbar damit verbunden. Ein König bringt Opfer dar. – *Bild* – Bist du von etwas abhängig, kannst du nicht höher hinaus gelangen.

18.
Der Zerfall

*Zerfall führt zu großem Erfolg. Es ist förder-
lich, große Flüsse zu durchqueren. Drei Tage
vorher, drei Tage nachher.*

GESAMTURTEIL

Im Zerfall ist das Feste oben und das Biegsame
unten, wie ein Windstoß, der aufgehalten wird
und dann in sich zusammenfällt. Wenn Zerfall zu
großem Erfolg führt, ist die Welt befriedet. Es ist
zuträglich, große Flüsse zu durchqueren; deine
Handlungen sind auf ein Ziel gerichtet. Drei Tage
vorher und drei Tage nachher bezieht sich auf das
schöpferische Tun, das endet, um wieder von
neuem zu beginnen.

DAS BILD

Unterhalb des Berges weht der Wind – das Symbol des Zerfalls. Edle Menschen regen andere dazu an, ihre Tugend zu entfalten.

DIE EINZELNEN LINIEN

1 *Yin.* Gibt es einen Sohn, der sich des Zerfalls des Vaters annimmt, haftet am verstorbenen Vater kein Makel. Ist er eifrig, wird alles ein gutes Ende nehmen. – *Bild* – Nimmst du dich des Zerfalls des Vaters an, hegst du die Absicht, das Werk des verstorbenen Vaters fortzusetzen.

2 *Yang.* Wenn du dich des Zerfalls der Mutter annimmst, reicht es nicht, beharrlich zu sein. – *Bild* – Nimmst du dich des Zerfalls der Mutter an, findest du einen Weg des Gleichgewichts.

3 *Yang.* Nimmst du dich des Zerfalls des Vaters an, gibt es wenig Bedauern, aber keinen großen Makel. – *Bild* – Nimmst du dich des Zerfalls des Vaters an, wird es letzten Endes keine Schwierigkeiten geben.

4 *Yin.* Lässt du den Zerfall des Vaters zu, wirst du Beschämung erfahren, wenn du fortgehst. –

Bild – Lässt du den Zerfall des Vaters zu, kannst du noch nicht fortgehen.

5 *Yin.* Nimmst du dich des Zerfalls des Vaters an, bediene dich des Lobes. – *Bild* – Bedienst du dich des Lobes, wenn du dich des Zerfalls des Vaters annimmst, dann greifst du auf, was tugendvoll und löblich ist.

6 *Yang.* Du stehst nicht im Dienst der Könige und Herrscher, stecke dir höhere Ziele. – *Bild* – Wenn du nicht im Dienste von Königen und Herrschern stehst, besitzt du außerordentliche Willensstärke.

19.
Das Überwachen

Soll Überwachen Erfolg bringen, ist es för-
derlich, beharrlich und wahrhaft zu sein.
Kommt der achte Monat, droht Unheil.

GESAMTURTEIL

Beim Überwachen wächst die Stärke nach und
nach. Heiter und sanft, ist die Stärke ausgewogen
und findet ihre Entsprechung. Durch Beharrlichkeit und Wahrhaftigkeit großen Erfolg zu erzielen, das ist der Weg des Himmels. Nähert sich der
achte Monat, droht Unheil, denn das Schwinden
lässt nicht lange auf sich warten.

Oberhalb des Sumpfes ist die Erde – das Symbol des Überwachens. Edle Menschen sind unerschöpflich in ihrer Umsicht und in ihrer Absicht zu lehren; so nehmen sie sich der Menschen ohne Ausnahme an und stellen sie unter ihren Schutz.

DIE EINZELNEN LINIEN

1 *Yang.* Aufmerksames Überwachen verheißt Gutes, wenn es beharrlich und wahrhaft ist. – *Bild* – Aufmerksames Überwachen verheißt Gutes, wenn es beharrlich und wahrhaft ist, denn dann sind die Ziele und Handlungen korrekt.

2 *Yang.* Aufmerksames Überwachen, das Gutes verheißt, ist für alle ohne Ausnahme förderlich. – *Bild* – Aufmerksames Überwachen, das Gutes verheißt, ist ohne Ausnahme für alle förderlich, besonders aber für jene, die noch nicht den Anweisungen folgen.

3 *Yin.* Kindliches Überwachen bringt keinen Gewinn. Bist du darüber betrübt, wird es keinen Makel geben. – *Bild* – Kindliches Überwachen bedeutet, dass du dich in einer Lage be-

findest, die du nicht meistern kannst. Sobald du darüber betrübt bist, werden deine Probleme nicht weiter anwachsen.

4 *Yin.* Vollendetes Überwachen ist makellos. – *Bild* – Vollendetes Überwachen ist makellos; deiner Position wirst du auf angemessene Art und Weise gerecht.

5 *Yin.* Wissendes Überwachen ziemt sich für einen großen Führer, und es ist glückverheißend. – *Bild* – Was sich für einen großen Führer ziemt, ist Ausgewogenheit im Handeln.

6 *Yin.* Aufmerksames Überwachen ist glückverheißend und ohne Makel. – *Bild* – Aufmerksames Überwachen ist glückverheißend, denn der Wille ist nach innen gerichtet.

20.

Das Betrachten

In Betrachtung hat die Reinigung stattge-
funden, bevor das Opfer dargebracht wurde;
da ist ehrfurchtsvolle Aufrichtigkeit.

GESAMTURTEIL

Die Großen werden oben betrachtet, harmonisch
und sanft, und zeigen der Welt Ausgeglichenheit
und Aufrichtigkeit. In Betrachtung hat die Reinigung stattgefunden, bevor das Opfer dargebracht
wurde; da ist ehrfurchtsvolle Aufrichtigkeit; jene
unten betrachten und werden dadurch gewan-
delt. Die vier Jahreszeiten offenbaren den geistigen Weg der Natur und kommen nicht von ihrem
Lauf ab. Wenn Weise den geistigen Weg benützen, um lehrend zu wirken, folgt die ganze Welt.

DAS BILD

Der Wind, der über die Erde streicht, symbolisiert das Betrachten. Die Könige des Altertums prüften die Gegenden und betrachteten die Menschen, um belehrend zu wirken.

DIE EINZELNEN LINIEN

1 *Yin.* Unwissendes Betrachten kann man gewöhnlichen Menschen nicht vorwerfen, aber für edle Menschen ist es beschämend. – *Bild* – Unwissendes Betrachten, das anfangs schwach ist, ist der Weg der gewöhnlichen Menschen.

2 *Yin.* Ist das Betrachten verstohlen, dann ist es förderlich, keusch wie eine Frau zu sein. – *Bild* – Verstohlenes Betrachten kann peinlich sein, selbst wenn du keusch wie eine Frau bist.

3 *Yin.* Betrachte das Auf und Ab in deinem eigenen Leben. – *Bild* – Betrachte das Auf und Ab in deinem eigenen Leben, und du hast den Weg noch nicht verlassen.

4 *Yin.* Betrachtest du den Glanz eines Staates, ist es förderlich, Gast des Königs zu sein. – *Bild* – Das Betrachten des Glanzes eines Staates be-

zieht sich auf die Art und Weise, wie dieser seine Gäste schätzt.

5 *Yang.* Beim Betrachten ihres eigenen Lebens sind edle Menschen ohne Makel. – *Bild* – Betrachtest du dein eigenes Leben, dann betrachtest du das Leben der Menschen insgesamt.

6 *Yang.* Beim Betrachten ihres Lebens sind edle Menschen ohne Makel. – *Bild* – Sie betrachten ihr Leben, weil sie noch nicht den geistigen Frieden gefunden haben.

21.
Das Durchbeißen

Erfolgreiches Durchbeißen ist förderlich, wenn man Recht spricht.

GESAMTURTEIL

Etwas im Mund zu haben nennt man Durchbeißen: man beißt und durchtrennt. Das Feste und das Biegsame sind getrennt, da ist Handeln und Verstehen. Donner und Blitz bilden ein Muster. Biegsamkeit ist ausgewogen und bewegt sich nach oben; und obwohl sie nicht dafür zuständig ist, ist sie förderlich, will man Recht sprechen.

Donner und Blitz symbolisieren das Durchbeißen. Die Könige des Altertums setzten Recht mittels klar bestimmter Strafen durch.

DIE EINZELNEN LINIEN

1 *Yang.* Mit Hemmschuhen, die dich in deiner Bahn behindern, bist du ohne Makel. – *Bild* – Hemmschuhe, die dich in deiner Bahn behindern, bedeuten, dass du nicht handelst.

2 *Yin.* Du beißt in die Haut und schneidest die Nase ab; es existiert kein Makel. – *Bild* – Das Durchbeißen der Haut und Abschneiden der Nase steht dafür, dass du dir feste Stärke zunutze machst.

3 *Yin.* Du beißt in getrocknetes Fleisch und stößt auf Gift. Es gibt eine kleine Beschämung, aber keinen Makel. – *Bild* – Auf Gift stößt du, wenn du am falschen Platz bist.

4 *Yang.* Du beißt auf getrocknetes Fleisch voller Knochen und findest einen goldenen Pfeil. Es ist förderlich, eifrig zu sein. Es ist glückverheißend, beharrlich und wahrhaft zu sein. – *Bild* – Es ist förderlich, eifrig zu sein, und es ist glück-

verheißend, beharrlich und wahrhaft zu sein,
wenn du auf deinem Weg noch keine Klarheit
erlangt hast.

5 *Yin.* Du beißt auf getrocknetes Fleisch und findest gelbes Gold. Bist du angesichts einer Gefahr beharrlich, ist da kein Makel. – *Bild* – Bist du angesichts einer Gefahr beharrlich und hast du keine Schwierigkeiten, findest du, was recht ist.

6 *Yang.* Du trägst um den Hals einen hölzernen Kragen, der die Ohren zerstört; das bedeutet Unglück. – *Bild* – Du trägst um den Hals einen hölzernen Kragen, der die Ohren zerstört; du kannst daher nicht klar hören.

22.

Der Schmuck

Schmuck bringt Erfolg. Es ist förderlich, im Kleinen etwas zu unternehmen.

GESAMTURTEIL

Der Erfolg von Schmuck liegt darin, dass das Biegsame hervortritt, um das Feste zu schmücken; deswegen hat er Erfolg. Das unvollständige Feste erhebt sich, um das Nachgiebige zu schmücken; deswegen ist es förderlich, im Kleinen etwas zu unternehmen. Dies ist der Schmuck des Himmels. Festigung durch Verfeinerung, dies ist der Schmuck der Menschen. Betrachte den Schmuck des Himmels, um den Wandel der Jahreszeiten zu erkennen; betrachte den Schmuck der Menschen, um gestaltend auf die Welt zu wirken.

DAS BILD

Unten am Berg ist Feuer, es schmückt ihn; so bringen edle Menschen Klarheit in Regierungsgeschäfte, ohne vermessene Entscheidungen zu fällen.

DIE EINZELNEN LINIEN

1 *Yang.* Schmücke die Füße, steige vom Wagen und geh. – *Bild* – Steige vom Wagen und geh, wenn es richtig ist, nicht im Wagen zu fahren.

2 *Yin.* Schmücken ist Suchen. – *Bild* – Schmücken bedeutet Suchen, es erhebt sich gemeinsam mit jenen oben.

3 *Yang.* Geschmückt und üppig, wirst du Glück haben, wenn du für immer beharrlich und wahrhaft bist. – *Bild* – Das Glück, für immer beharrlich und wahrhaft zu sein, liegt darin, dass dich letztendlich niemand erniedrigt.

4 *Yin.* Geschmückt und doch schlicht. Ein weißes Pferd läuft schnell. Gibt es keinen Gegner, so gibt es Partner. – *Bild* – Das Yin an vierter Stelle ist unsicher auf seinem Platz. Es gibt Partnerschaft, wenn keine Feindschaft besteht, es bleibt am Ende also kein Groll zurück.

5 *Yin.* Um Hügel und Gärten zu schmücken, ist ein Ballen Seide zu klein. Da ist Beschämung, aber am Ende kommt Heil. – *Bild* – Das Heil des Yin auf dem fünften Platz liegt darin, Freude zu empfinden.

6 *Yang.* Schlichter Schmuck ist makellos. – *Bild* – Schlichter Schmuck ist makellos, denn du erlangst ein höheres Ziel.

23.
Das Wegreißen

Beim Wegreißen ist es nicht förderlich, etwas zu unternehmen.

GESAMTURTEIL

Wegreißen bedeutet entfernen; das Biegsame verdrängt das Feste. Es ist nicht förderlich, etwas zu unternehmen; niedrige Menschen sind im Zunehmen begriffen. Willst du dich dem anpassen, um ihm Einhalt zu gebieten, dann betrachte die Bilder. Edle Menschen schätzen den Wechsel von Abnehmen und Zunehmen, von Fülle und Leere, denn dies ist der Lauf der Natur.

DAS BILD

Ein Berg haftet an der Erde – das Symbol des Wegreißens. Die Oberen sichern ihr Heim durch Güte gegenüber den Unteren.

DIE EINZELNEN LINIEN

1 *Yin.* So wie es Unglück bringt, dem Bett die Füße wegzureißen, bringt das Zerstören der Wahrhaftigkeit Unglück. – *Bild* – Wenn du einem Bett die Füße wegreißt, beraubst du es seiner Basis.

2 *Yin.* So wie es Unglück bringt, einem Bett den Rahmen wegzureißen, bringt das Zerstören der Wahrhaftigkeit Unglück. – *Bild* – Reißt du einem Bett den Rahmen weg, hast du nichts mehr, womit du arbeiten könntest.

3 *Yin.* Reiße weg, und da ist kein Makel. – *Bild* – Wenn du so weit wegreißt, dass es keinen Makel gibt, hebst du die Unterscheidung zwischen oben und unten, zwischen Herrscher und Beherrschtem auf.

4 *Yin.* Reißt du das Bett bis auf die Haut weg, droht Unheil. – *Bild* – Reißt du das Bett bis auf die Haut weg, bist du der Katastrophe nahe.

5 *Yin.* Führst du einen Schwarm Fische mit dem gleichen Wohlwollen, das du sonst den Hofdamen entgegenbringst, so ist dies für alle von Vorteil. – *Bild* – Da du das Wohlwollen benützt, das du den Hofdamen entgegenbringst, bleibt letztendlich kein Groll zurück.

6 *Yang.* Eine harte Frucht wird nicht gegessen. Edle Menschen werden mit einem Wagen belohnt, gewöhnlichen Menschen wird das Haus entrissen. – *Bild* – Edle Menschen erhalten einen Wagen als Belohnung, sie erhalten Unterstützung vom ganzen Volk. Gewöhnlichen Menschen wird das Haus entrissen, da sich herausstellt, dass sie den Anforderungen nicht entsprechen.

24.
Die Wiederkehr

Ist die Wiederkehr erfolgreich vollbracht, sind Ein- und Ausgehen ohne Übel. Kommt ein Gefährte, gibt es keinen Makel. Kehrst du auf dem Weg um, kommst du in sieben Tagen zurück. Es ist förderlich, einen Ort zu haben, wohin du gehen kannst.

GESAMTURTEIL

Die Wiederkehr ist erfolgreich vollbracht, wenn Stärke zum Handeln zurückfindet und harmonisch wirkt; so kannst du ein- und ausgehen ohne Übel, und kommt ein Gefährte, bedeutet das keinen Makel. Kehrst du auf dem Weg um, kommst du in sieben Tagen zurück; dies bezieht sich auf das Wirken der Natur. Es ist förderlich, einen Ort zu haben, wohin du gehen kannst, da das Feste langsam anwächst. Die Wiederkehr kann als das Erkennen der Mitte des Universums verstanden werden. – *Bild* – Donner inmitten der Erde – das Symbol der Wiederkehr. So verschlossen die Könige früherer Zeiten die Tore zur Wintersonnenwende; die Händler reisten nicht umher, und der Herrscher inspizierte nicht die Provinzen.

DIE EINZELNEN LINIEN

1 *Yang.* Wenn du wiederkehrst, bevor du weit gegangen bist, wirst du nichts bedauern und großes Glück haben. – *Bild* – Du kehrst wieder, bevor du weit gegangen bist, indem du dich selbst schulst.

2 *Yin.* Rückkehr zum Guten verheißt Glück. – *Bild* – Das Glück, das eine Rückkehr zum Guten mit sich bringt, entspringt der Güte gegenüber den Menschen unter dir.

3 *Yin.* Sorgfalt in wiederholter Rückkehr ist makellos. – *Bild* – Sorgfalt in wiederholter Rückkehr ist makellos, denn sie ist pflichtgetreu.

4 *Yin.* Du handelst ausgewogen und kehrst allein zurück. – *Bild* – Du handelst ausgewogen und kehrst allein zurück, weil du dem Weg folgst.

5 *Yin.* Kehre achtsam wieder, und du wirst nichts

bedauern. – *Bild* – Kehrst du achtsam wieder, so dass du nichts bedauern musst, dann hast du durch Selbstprüfung deine Mitte gefunden.

6 *Yin.* Zur Verwirrung zurückzukehren ist unheilverheißend; es droht ein Unglück katastrophalen Ausmaßes. Beginnt man eine militärische Unternehmung, wird sie zu einer großen Niederlage führen, die sogar für den Führer des Staates verheerend ist. Selbst zehn Jahre später gibt es noch keinen Sieg. – *Bild* – Eine Rückkehr zur Verwirrung verheißt deshalb Unheil, weil sie dem Weg der edlen Menschen zuwiderläuft.

25.
Die Unbeirrbarkeit

Unbeirrbarkeit ist äußerst erfolgreich und förderlich, wenn sie korrekt ist. Negierst du, was recht ist, dann bist du im Irrtum, und es ist dir nicht zuträglich, etwas zu unternehmen.

GESAMTURTEIL

In der Unbeirrbarkeit kommt Stärke von außen und wird zur bestimmenden Triebkraft im Inneren. Aktivität und Festigkeit, ausgewogene Stärke, die ihre Entsprechung findet, großer Erfolg durch Korrektheit, dies ist die Ordnung der Natur. Wenn du negierst, was korrekt ist, bist du im Irrtum, und es wird dir nicht zuträglich sein, etwas zu unternehmen. Wohin führt Unbeirrbarkeit? Wenn dich die Ordnung der Natur nicht unterstützte, würdest du dann etwas unternehmen?

DAS BILD

Unter dem Himmel geht der Donner, alle Dinge gehen unbeirrbar ihren Weg. Die Könige des Altertums förderten das Gedeihen im Einklang mit den Jahreszeiten, um alle Wesen zu nähren.

DIE EINZELNEN LINIEN

1 *Yang.* Unbeirrbares Weitergehen ist glückverheißend. – *Bild* – Wenn du unbeirrbar weitergehst, erreichst du dein Ziel.

2 *Yin.* Wenn du nicht für die Ernte pflügst und auch keine neuen Felder anlegst, dann ist es förderlich, etwas zu unternehmen. – *Bild* – Wenn du nicht für die Ernte gepflügt hast, hast du noch keine Reichtümer angehäuft.

3 *Yin.* Das Unglück der Unbeirrbarkeit ist wie eine Kuh, die jemand angebunden hat, die aber von einem Reisenden genommen wird: Es ist ein Unglück für die Bewohner der Stadt. – *Bild* – Wenn ein Vorbeikommender die Kuh

mitnimmt, ist es ein Unglück für die Bewohner der Stadt.

4 *Yang.* Vermagst du beharrlich zu sein, dann wirst du ohne Makel sein. – *Bild* – Sei beharrlich, denn dann wird kein Makel an dir haften; das eine kann nicht ohne das andere sein.

5 *Yang.* Behandle die Krankheit der Unbeirrbarkeit nicht mit Arzneien; Freude wird sich einstellen. – *Bild* – Wenn dir nichts fehlt, solltest du keine Arznei versuchen.

6 *Yang.* Ist die Unbeirrbarkeit im Handeln fehlerhaft, kannst du keinen Nutzen daraus ziehen. – *Bild* – Dies ist das Unglück unbeirrbaren Handelns: dass du in einer ausweglosen Lage nicht mehr weiterweißt.

26.
Das Ansammeln des Großen

Das Ansammeln des Großen ist dem Auf-
rechten und Wahrhaften förderlich. Es ist
glückverheißend, nicht zu Hause zu essen. Es
ist förderlich, große Flüsse zu durchqueren.

GESAMTURTEIL

Im Ansammeln des Großen liegt feste Stärke und
ernsthafte Ursprünglichkeit, und das strahlende
Licht erneuert sich tagtäglich. Seine Tugenden
stellen Stärke an oberste Stelle sowie auch Re-
spekt vor dem Weisen. Macht, die unter Kon-
trolle gehalten wird, ist große Korrektheit. Nicht
zu Hause essen ist insofern glückverheißend, als
das Weise genährt wird. Es ist förderlich, große
Flüsse zu durchqueren, denn es findet Entsprechung in der Natur.

DAS BILD

Der Himmel in den Bergen – das Symbol des Ansammelns des Großen. So zeichnen edle Menschen Worte und Taten vergangener Zeiten auf, um Tugenden anzuhäufen.

DIE EINZELNEN LINIEN

1 *Yang.* Im Falle einer Gefahr ist es förderlich innezuhalten. – *Bild* – Wenn eine Gefahr droht, ist es förderlich anzuhalten; so gerätst du nicht in Schwierigkeiten.

2 *Yang.* Ein Wagen wird seiner Achsen beraubt. – *Bild* – Ein Wagen, der seiner Achsen beraubt wird, ist ohne Makel.

3 *Yang.* Ein gutes Pferd jagt los. Es ist förderlich zu kämpfen. Es ist glückverheißend, beharrlich und aufrecht zu sein. Übst du dich täglich im Wagenlenken und in der Verteidigung, ist es förderlich, einen Ort zu haben, wohin du gehen kannst. – *Bild* – Es ist förderlich, wenn du einen Ort hast, wohin du gehen kannst, das heißt, dass du dich einem höheren Ziel verschreibst.

4 *Yin.* Das Schutzbrett auf den Hörnern eines

jungen Stiers ist äußerst glückverheißend. – *Bild* – In dieser Position ist es äußerst glückverheißend, wenn Freude herrscht.

5 *Yin.* Die Hauer eines kastrierten Ebers verheißen Glück. – *Bild* – In dieser Position ist es äußerst glückverheißend, wenn Feiern stattfinden.

6 *Yang.* Erreichst du die himmlischen Wege, ist dir Gelingen sicher. – *Bild* – Erreichst du die himmlischen Wege, beschreitest du den Weg im Großen.

27.
Das Ernähren

Das Ernähren der Wahrhaftigkeit ist glück-
verheißend. Achte auf das Ernähren, und
suche selbst persönliche Erfüllung.

GESAMTURTEIL

Das Ernähren der Beharrlichkeit ist glückverheißend; es wird dir Heil bringen, wenn du entwi-
ckelst, was recht und wahrhaft ist. Betrachtest du
das Ernähren, betrachtest du, was du förderst;
suchst du persönliche Erfüllung, so betrachtest
du deine eigene Entwicklung. Himmel und Erde
nähren alle Wesen. Die Weisen nähren das Wür-
dige und Gute, indem sie auf das Volk als Ganzes einwirken. Das Abwarten des richtigen Zeit-
punkts für das Ernähren ist äußerst wichtig.

DAS BILD

Unter dem Berg ist der Donner – das Symbol des Ernährens. Edle Menschen wachen über ihre Sprache und mäßigen sich in Essen und Trinken.

DIE EINZELNEN LINIEN

1 *Yang.* Es verheißt Unglück, wenn du deine heilige Schildkröte fahrenlässt und mich betrachtest, während sich dein Unterkiefer bewegt. – *Bild* – In keinem Fall ist es förderlich, mich zu betrachten, während sich dein Unterkiefer bewegt.

2 *Yin.* Umgekehrtes Ernähren ist irrig, denn es nimmt die Ernährung von der Anhöhe; es bringt Unglück, wenn du etwas unternimmst. – *Bild* – In dieser Position bringt es Unglück, etwas zu unternehmen, denn du würdest deinesgleichen verlieren.

3 *Yin.* Tust du das Ernähren beiseite, bringt es Unglück weiterzumachen. Tu dies nicht zehn Jahre lang; es gibt nichts zu gewinnen. – *Bild* – Die Warnung, zehn Jahre lang nicht auf diese Art und Weise zu handeln, bedeutet, dass die Handlungsweise in hohem Maße gestört ist.

4 *Yin.* Das Ernähren umzukehren verheißt Glück. Ein Tiger, bereit loszuspringen, beobachtet gespannt und ist ohne Makel. – *Bild* – Das Ernähren umzukehren verheißt Glück, weil sich von oben Gunst ergießt.

5 *Yin.* In Situationen, die von der Norm abweichen, ist es gut, wenn du beharrlich und wahrhaft bleibst. Es ist nicht angebracht, große Flüsse zu durchqueren. – *Bild* – Beharrlich und wahrhaft zu bleiben ist deshalb gut, weil du höheren Idealen auf harmonische Art und Weise folgen kannst.

6 *Yang.* Quelle des Ernährens zu sein ist gefährlich, aber glückverheißend. – *Bild* – Quelle des Ernährens zu sein ist gefährlich, aber glückverheißend, weil es großen Segen bedeutet.

28.
Die Vorherrschaft des Großen

Herrscht das Große vor und biegt sich der Firstbalken, ist es förderlich, irgendwohin zu gehen, um erfolgreich zu sein.

GESAMTURTEIL

Vorherrschaft des Großen ist dann gegeben, wenn das Große und Mächtige die Oberhand hat. Der sich biegende Firstbalken symbolisiert das Biegsame an der Basis und in den Verästelungen. Stärke herrscht vor, aber sie hat ihre Mitte; ist sie sanft und heiter im Handeln, dann ist es förderlich, etwas zu unternehmen, denn der Erfolg ist dir gewiss. Es ist äußerst wichtig, den richtigen Zeitpunkt für die Vorherrschaft des Großen abzuwarten!

Feuchtigkeit zerstört das Holz – das Symbol der Vorherrschaft des Großen. Da edle Menschen keine Furcht empfinden, auch wenn sie allein sind, können sie sich aus der Gesellschaft zurückziehen, ohne zu verzagen.

DIE EINZELNEN LINIEN

1 *Yin.* Du verwendest einfaches Schilfgras für eine Matte für Feierlichkeiten. Es besteht kein Makel. – *Bild* – Wenn du einfaches Schilfgras für eine Matte für Feierlichkeiten verwendest, befindest du dich in einer niedrigen Stellung und bist nachgiebig.

2 *Yang.* Wenn eine vertrocknete Weide Knospen treibt und ein alter Mann ein junges Mädchen heiratet, werden alle Nutzen daraus ziehen. – *Bild* – Ein alter Mann und eine junge Frau passen außergewöhnlich gut zusammen.

3 *Yang.* Es bringt Unglück, wenn sich der Firstbalken biegt. – *Bild* – Wenn der Firstbalken sich biegt, so bringt dies Unglück, weil es unmöglich ist, zu Hilfe zu kommen.

4 *Yang.* Es bringt Glück, wenn der Firstbalken

gestützt wird, aber es könnte eine andere Schande geben. – *Bild* – Wenn der Firstbalken gestützt wird, so bringt dies Glück, weil er sich nicht durchbiegt.

5 *Yang.* Treibt eine vertrocknete Weide Blüten und heiratet eine alte Frau einen jungen Mann, gibt es weder Schande noch Lob. – *Bild* – Eine vertrocknete Weide mag Blüten tragen, aber wie lange kann dies andauern? Für eine alte Frau kann ein junger Ehemann auch peinlich sein.

6 *Yin.* Es bringt Unglück, wenn du dich zu sehr in etwas hineinziehen lässt und deinen Kopf verlierst, aber es besteht kein Makel. – *Bild* – Unglück, das daraus entsteht, dass du dich zu sehr in etwas hineinziehen lässt, ist nicht tadelnswert.

29.
Stete Abgründe

Sind stete Abgründe da, hat der denkende Geist Erfolg, wenn er wahrhaft ist, und was getan wird, ist von Wert.

GESAMTURTEIL

Stete Abgründe sind eine Reihe gefährlicher Situationen. So wie das Wasser fließt, ohne überzugehen, so stehe gefährliche Situationen durch, ohne dein Vertrauen zu verlieren. Der denkende Geist ist erfolgreich, indem er durch seine Festigkeit die Mitte findet. Handeln ist von Wert, denn es wird dadurch etwas Wertvolles vollbracht.
Die Gefahr des Himmels liegt darin, dass wir ihn nicht ersteigen können; die Gefahr der Erde sind die Berge und Flüsse, Hügel und Abhänge. Herrscher schaffen Gefahren, um ihre Länder zu be-

schützen. Es ist äußerst wichtig, sich der Gefahr zum rechten Zeitpunkt zu bedienen!

Wasser, das immer wieder kommt – das Symbol steter Abgründe. Edle Menschen üben sich darin, durch stete Ausübung der Tugend zu lehren.

DIE EINZELNEN LINIEN

1 *Yin.* Sind da stete Abgründe, bringt es Unglück, im Abgrund in eine Fallgrube zu geraten. – *Bild* – Da sind stete Abgründe, und du gerätst in eine Fallgrube; das ist das Unglück, wenn du vom Weg abgekommen bist.

2 *Yang.* Suche, obwohl im Abgrund Gefahr lauert, und du wirst einen kleinen Gewinn erzielen. – *Bild* – Suche, und du wirst einen kleinen Gewinn erzielen, sofern du nicht die Mitte überschreitest.

3 *Yin.* Du gehst vor und zurück, von Abgrund zu Abgrund, gefangen in einer gefährlichen Situation. So gerätst du in ein Loch im Abgrund. Handle nicht so. – *Bild* – Du gehst vor

und zurück, von Abgrund zu Abgrund; dies bedeutet, dass du am Ende nichts vollbracht haben wirst.

4 *Yin.* Ein Krug Wein wird von einem Getreidebehälter für Zeremonien begleitet. Benütze eine schlichte Schale. Da du im Stillen durch das Fenster ein Versprechen gegeben hast, gibt es am Ende keinen Makel. – *Bild* – Der Krug Wein und der Getreidebehälter für Zeremonien symbolisieren den Punkt, wo das Feste und das Biegsame aufeinandertreffen.

5 *Yang.* Der Abgrund ist nicht übervoll; ist er bis zum Rand gefüllt, gibt es keinen Makel. – *Bild* – Der Abgrund, der nicht übervoll ist, steht dafür, dass das Innere noch nicht groß ist.

6 *Yin.* Mit Stricken gebunden und in ein Dorrengestrüpp geraten, findest du drei Jahre lang keinen Ausweg. Unheil. – *Bild* – Das Unglück, den Weg durch Schwäche an oberster Stelle zu verlieren, währt drei Jahre.

30.
Das Feuer

Feuer ist dem Erfolg des Aufrechten förder-
lich. Es verheißt Gutes, eine Kuh aufzuzie-
hen.

Feuer ist Haften; Sonne und Mond haften am
Himmel, Pflanzen haften an der Erde. Mit dop-
pelter Erleuchtung am Rechten zu haften, das
formt und vollendet die Welt. Das Biegsame haftet am Ausgewogenen und Aufrechten und bringt
deswegen Erfolg. Darum heißt es, dass es Glück
bedeutet, eine Kuh aufzuziehen.

DAS BILD

Doppelte Erleuchtung schafft Feuer. So erleuchten große Menschen alle vier Himmelsrichtungen mit ihrem unaufhörlichen Licht.

DIE EINZELNEN LINIEN

1 *Yang.* Die Schritte gehen kreuz und quer. Hüte dich davor, und dir wird kein Fehler unterlaufen. – *Bild* – Gehen die Schritte kreuz und quer, dann befähigt dich Vorsicht dazu, einen tadelnswerten Fehler zu vermeiden.

2 *Yin.* Gelbes Feuer verheißt großes Glück. – *Bild* – Gelbes Feuer verheißt großes Glück, denn es steht dafür, dass du den Weg der Mitte gefunden hast.

3 *Yang.* Im Feuer der untergehenden Sonne trommelst du entweder auf einem Krug und singst, oder du beklagst das nahende Greisenalter, was ein Unglück ist. – *Bild* – Wie lange vermag das Feuer der untergehenden Sonne zu bestehen?

4 *Yang.* Jähes Hervorbrechen mündet in Ausbrennen, Sterben und Verlassensein. – *Bild* – Jähes Hervorbrechen ist nicht erlaubt.

5 *Yin.* Es herrscht Weinen und Wehklagen, aber da ist Glück. – *Bild* – Das Glück des Schwachen liegt darin, dass er dem Herrscher treu bleibt.

6 *Yang.* Ein König muss einen Feldzug unternehmen. Er hat Glück und vernichtet den Anführer. Die Gefangenen sind nicht von der gleichen Art, deshalb trifft sie keine Schuld. – *Bild* – Wenn ein König einen Feldzug unternehmen muss, dann deswegen, weil er Ordnung im Land herstellen muss.

31.
Das empfindsame Einwirken

*Der Erfolg des empfindsamen Einwirkens ist
dem Wahrhaften förderlich. Es bringt Glück,
eine Frau zu heiraten.*

GESAMTURTEIL

Empfindsames Einwirken bedeutet Wahrnehmungsfähigkeit und gefühlsmäßiges Beeinflussen. Das Biegsame ist oben, das Feste ist unten;
die beiden Energien wirken empfindsam aufeinander ein, so dass sie sich gegenseitig beeinflussen. Unerschütterlich und glücklich, ist der Mann
voller Demut gegenüber der Frau. Das ist der
Grund, warum dieser Erfolg dem Wahrhaften
förderlich ist und warum es Glück bringt, eine
Frau zu heiraten. Durch ihr empfindsames Einwirken bringen Himmel und Erde alle Dinge und

alle Wesen hervor. Dank ihrer Empfindsamkeit wirken die Weisen auf die Herzen der Menschen ein, so dass die Welt harmonisch und friedvoll ist. Betrachte, wofür die Dinge empfänglich sind, und du kannst den Zustand aller Dinge im Universum erkennen.

DAS BILD

Auf dem Berg ist der See – das Symbol des empfindsamen Einwirkens. Edle Menschen akzeptieren andere offenen Geistes.

DIE EINZELNEN LINIEN

1 *Yin.* Empfindsames Einwirken liegt in der großen Zehe. – *Bild* – Empfindsames Einwirken in der großen Zehe bedeutet, dass der Wille nach außen gerichtet ist.

2 *Yin.* Empfindsames Einwirken in den Waden bringt Unheil. Verweilen bringt Heil. – *Bild* – Verweile trotz des Unglücks, und dir wird Glück beschieden sein; dies bedeutet, dass du dem folgst, was keinen Schaden bringt.

3 *Yang.* Empfindsames Einwirken in den Schen-

keln ist es, wenn du an dem festhältst, was folgt. Weitergehen ist beschämend. – *Bild* – Empfindsames Einwirken in den Schenkeln bedeutet auch, nicht zu verweilen; ist es dein Wunsch, anderen zu folgen, dann ist das, woran du festhältst, zu niedrig.

4 *Yang.* Es ist glückverheißend, wahrhaft zu sein; Bedauern schwindet. Nachdenklich kommend und gehend, folgen die Gefährten deinen Gedanken. – *Bild* – Dank des Glücks des Wahrhaften schwindet das Bedauern; du bist noch keines Schadens gewahr. Nachdenkliches Kommen und Gehen findet statt, bevor Größe erlangt ist.

5 *Yang.* Wenn empfindsames Einwirken im Fleisch des Rückens liegt, gibt es kein Bedauern. – *Bild* – Empfindsames Einwirken, das im Fleisch des Rückens liegt, bedeutet, dass der Geist auf die letzten Dinge gerichtet ist.

6 *Yin.* Empfindsames Einwirken äußert sich im Kiefer und in der Zunge. – *Bild* – Empfindsames Einwirken im Kiefer und in der Zunge heißt, den Mund beim Sprechen weit zu öffnen.

32

Die Beständigkeit

Ist Beständigkeit erfolgreich, besteht kein Makel. Es ist förderlich, wahrhaft zu sein. Es ist zuträglich, zu wissen, wohin du gehst.

GESAMTURTEIL

Beständigkeit bedeutet, über lange Zeit hinweg zu bestehen. Das Feste ist oben, das Biegsame ist unten: Donner und Wind bilden ein Paar und handeln in Harmonie. Festigkeit und Biegsamkeit wirken unablässig aufeinander ein. Ist Beständigkeit erfolgreich, besteht kein Makel; es ist förderlich, wahrhaft zu sein; dies bedeutet Beständigkeit auf dem rechten Weg.

Der Weg von Himmel und Erde besteht für immer und kommt nie an ein Ende. Es ist zuträglich, zu wissen, wohin du gehst. Kommst du ans

Ende, ist da ein neuer Beginn. Solange Sonne und Mond den Himmel haben, können sie für immer scheinen; solange die vier Jahreszeiten aufeinanderfolgen, können sie für immer Gedeihen bewirken.

Wenn Weise beständig an ihrem Weg festhalten, entwickelt sich die ganze Welt hin zur Vollkommenheit. Betrachte, was beständig ist, und du kannst den Zustand aller Wesen im Universum erkennen.

DAS BILD

Donner und Wind sind beständig; so stehen die edlen Menschen fest und ändern ihren Platz nicht.

DIE EINZELNEN LINIEN

1 *Yin.* Beharrlichkeit in tiefer Beständigkeit bringt Unglück; es gibt nichts, was von Vorteil wäre. – *Bild* – Das Unglück tiefer Beständigkeit liegt darin, dass du bereits zu Beginn Tiefe anstrebst.

2 *Yang.* Bedauern schwindet. – *Bild* – Für die

Starken, die fähig sind, beständig die Mitte zu wahren, schwindet das Bedauern.

3 *Yang.* Bist du nicht beständig in der Tugend, wirst du Schande erleiden. Selbst wenn du aufrichtig bist, wirst du erniedrigt. – *Bild* – Bist du nicht beständig in der Tugend, wirst du nirgends geduldet sein.

4 *Yang.* Auf den Feldern ist kein Wild. – *Bild* – Bist du beständig am falschen Platz, wie kannst du dann das Wild fangen?

5 *Yin.* Bist du beständig in der Tugend, bringt Beharrlichkeit einer Frau Glück, einem Mann Unglück. – *Bild* – Einer Frau bringt Beharrlichkeit Glück; es bedeutet, dass etwas vom Anfang bis zum Ende verfolgt wird. Einem Mann, der seinen Pflichten nachkommt, verheißt es Unglück, wenn er den Weg der Frau geht.

6 *Yin.* Es bringt Unglück, wenn Erregung bestehen bleibt. – *Bild* – Wenn Erregung in der Führung bestehen bleibt, dann gibt es keinerlei Verdienste.

33.
Der Rückzug

Erlangst du im Rückzug einen Erfolg und bist du klein, dann ist es förderlich, beharrlich und wahrhaft zu sein.

GESAMTURTEIL

Im Rückzug einen Erfolg erlangen heißt, dass du dich zurückziehst, um erfolgreich zu sein. Stärke ist am angemessenen Platz und findet Entsprechung; sie handelt im Einklang mit der Zeit. Bist du klein, dann ist es förderlich, beharrlich und wahrhaft zu sein, denn so wächst du langsam. Der Zeitpunkt, zu dem der Rückzug stattfindet, ist von äußerster Wichtigkeit!

DAS BILD

Unter dem Himmel sind Berge, für die er unerreichbar ist. So halten sich edle Menschen die gewöhnlichen Menschen fern: nicht verächtlich, sondern würdevoll.

DIE EINZELNEN LINIEN

1 *Yin.* Droht am Schwanzende des Rückzugs Gefahr, dann gehe nicht absichtlich irgendwohin. – *Bild* – Wie kann die Gefahr am Schwanzende des Rückzugs für dich bedrohlich sein, wenn du nirgends hingehst?

2 *Yin.* Befestigst du etwas mit dem Leder eines gelben Ochsen, kann es nichts wieder losbinden. – *Bild* – Bindest du etwas mit einer gelben Ochsenhaut fest, dann ist dein Wille fest.

3 *Yang.* Verstrickter Rückzug birgt Schwierigkeiten und Gefahren. Es bringt Glück, wenn du dich der Helfer und Konkubinen annimmst. – *Bild* – Die Gefahren eines verstrickten Rückzugs sind Schwierigkeiten und Erschöpfung. Nimmst du dich der Helfer und Konkubinen an, so bringt es Glück, aber Großes kann damit nicht erreicht werden.

4 *Yang.* Edle Menschen, die sich auf die rechte Art und Weise zurückziehen, haben Glück, gewöhnliche Menschen nicht. – *Bild* – Edle Menschen ziehen sich auf die rechte Art und Weise zurück, gewöhnliche Menschen tun dies nicht.

5 *Yang.* Ein vortrefflicher Rückzug ist glückverheißend, wenn er korrekt ist. – *Bild* – Ein vortrefflicher Rückzug ist glückverheißend, wenn er korrekt ist, d. h., wenn er auf rechten Absichten gründet.

6 *Yang.* Ziehen sich jene zurück, die reich geworden sind, kommt dies allen zugute. – *Bild* – Es wird allen zugute kommen, wenn sich jene, die reich geworden sind, zurückziehen, denn dann gibt es keinen Verdacht.

34.
Die Kraft des Großen

Die Kraft des Großen ist dem Wahrhaften förderlich.

GESAMTURTEIL

Die Kraft des Großen ist mächtig. Sie ist mächtig dank der Stärke im Handeln. Die Kraft des Großen ist dem Wahrhaften förderlich, wenn das Große korrekt ist. Mach das Große korrekt, und du kannst den Zustand von Himmel und Erde erkennen.

DAS BILD

Der Donner ist oben im Himmel – das Symbol der Kraft des Großen. Was immer auch ungezie-

mend sein mag, edle Menschen vermeiden, es zu
tun.

1 *Yang.* Ist die Kraft in den Füßen, bringt es Un-
glück, wenn du etwas unternimmst, obwohl du
Gewissheit hast. – *Bild* – Ist die Kraft in den
Füßen, wird deine Gewissheit schwinden.

2 *Yang.* Es ist glückverheißend, aufrecht und
wahrhaft zu sein. – *Bild* – Stärke in dieser Position ist glückverheißend, weil sie aufrecht
und wahrhaft ist, denn dann ist sie ausgewogen.

3 *Yang.* Während gewöhnliche Menschen sich
der Kraft bedienen, tun dies edle Menschen
bewusst nicht, sie sind beharrlich und wahrhaft, immer der Gefahr gewahr. Wenn ein Widder eine Hecke rammt, bleibt er mit den Hörnern stecken. – *Bild* – Während gewöhnliche
Menschen sich der Macht bedienen, verzichten
edle Menschen darauf.

4 *Yang.* Bleib beharrlich und wahrhaft, dann
wird dir das Glück sicher sein und du wirst frei
von Bedauern sein. Wenn sich die Hecken öffnen, bleibst du nicht stecken. Kraft liegt in der

Achse eines großen Wagens. – *Bild* – Öffnen sich die Hecken, bleibst du nicht stecken, es lohnt sich also weiterzumachen.

5 *Yin.* Du verlierst leichthin den Widder und bist ohne Bedauern. – *Bild* – Wenn du den Widder leichthin verlierst, ist deine Stellung nicht angemessen.

6 *Yin.* Ein Widder, der gegen die Hecke rennt, kann weder vor noch zurück. Kein Gewinn wird erzielt. Kämpfst du mit Schwierigkeiten, wird dir Glück beschieden sein. – *Bild* – Kannst du weder vor noch zurück, hast du die Dinge nicht genau durchdacht. Kämpfst du mit Schwierigkeiten, wird dir Glück beschieden sein, falls die Fehler und Irrtümer sich nicht mehren.

35.
Der Fortschritt

Im Fortschritt benützt ein Fürst in sicherer Stellung Pferde in großer Menge als Geschenk und gewährt dreimal am Tag Audienz.

GESAMTURTEIL

Fortschritt ist Vorwärtsgehen, symbolisiert durch das Licht, das über der Erde emporsteigt und hingebungsvoll zur großen Erleuchtung durchdringt. Biegsamkeit ermöglicht Fortschritt und Aufwärtsstreben; das ist der Grund, warum es heißt, dass ein Fürst in sicherer Stellung Pferde in großer Menge als Geschenk benützt und dreimal am Tag Audienz gewährt.

DAS BILD

Licht steigt über der Erde empor – das Symbol des Fortschreitens. Edle Menschen erleuchten die Tugend, indem sie sie selbst widerspiegeln.

DIE EINZELNEN LINIEN

1 *Yin.* Ist der Fortschritt behindert, ist es glückverheißend, beharrlich und wahrhaft zu sein. Fehlt dir das Vertrauen, dann sei großherzig und lass nicht zu, dass da ein Makel ist. – *Bild* – Wird der Fortschritt behindert, dann tust du allein für dich das, was recht ist. Großherzig und ohne Makel bist du in der Zeit, bevor du einen Auftrag annimmst.

2 *Yin.* Fortschritt, aber in Trauer. Es ist glückverheißend, beharrlich und wahrhaft zu sein. Dieser große Segen kommt von der Großmutter. – *Bild* – Dieser große Segen stellt sich ein, wenn du deine Mitte gefunden hast und aufrecht bist.

3 *Yin.* Wenn die Gruppe zustimmt, schwindet Bedauern. – *Bild* – Ziele, die die Unterstützung durch die Gruppe finden, lassen dich nach oben fortschreiten.

4 *Yang.* Wie ein Eichhörnchen fortzuschreiten ist gefährlich, wenn du dabei beharrlich bist. – *Bild* – Es ist gefährlich, wenn du dich immer wie ein Eichhörnchen verhältst, denn dann bist du am falschen Ort.

5 *Yin.* Wenn Bedauern geschwunden und Vertrauen erlangt ist, sorge dich nicht. Es verheißt Glück, weiterzugehen, denn alle werden davon profitieren. – *Bild* – Wird Vertrauen erlangt, sorge dich nicht, denn wenn du weitergehst, wirst du froh sein, dass du es getan hast.

6 *Yang.* Die Hörner werden nur vorangetrieben, um das Kernland zu erobern. Es ist gefährlich, aber wenn alles gutgeht, existiert kein Fehler. Es ist beschämend, beharrlich zu sein. – *Bild* – Dies wird eingesetzt, um das Kernland zu erobern, also dann, wenn der Weg noch nicht hell erstrahlt.

36.
Die Verletzung der Erleuchteten

Wenn die Erleuchteten verletzt sind, ist es förderlich, in der Not beharrlich und wahrhaft zu sein.

GESAMTURTEIL

Die Erleuchteten versinken in den Tiefen der Erde; das ist dann der Fall, wenn den Erleuchteten eine Verletzung zugefügt wird. Da ihr Inneres verfeinert und erleuchtet, ihr Äußeres jedoch sanft und gefügig ist, widerfährt ihnen großes Missgeschick. Es ist förderlich, in der Not beharrlich und wahrhaft zu sein; dies bedeutet, dass du deine Erleuchtung verbergen musst, indem du deine Absichten trotz innerer Schwierigkeiten auf das Rechte richtest.

Licht, das in den Tiefen der Erde versinkt, steht für die Erleuchteten, die eine Verletzung erleiden. Haben edle Menschen mit gewöhnlichen Menschen zu tun, sind sie ganz bewusst zurückhaltend, und doch sind sie erleuchtet.

DIE EINZELNEN LINIEN

1 *Yang.* Erleiden die Erleuchteten eine Verletzung im Fluge, lassen sie die Flügel herabhängen. Edle Menschen auf Wanderschaft essen drei Tage lang nichts. Gibt es einen Platz, wohin man gehen kann, hat der Verantwortliche mitzureden. – *Bild* – Befinden sich edle Menschen auf Wanderschaft, ist es recht für sie, nichts zu essen.

2 *Yin.* Erleiden die Erleuchteten eine Verletzung am linken Bein, ist Hilfe nötig. Es geht gut aus, wenn die Pferde stark sind. – *Bild* – Das Glück des Schwachen in dieser Position liegt darin, dass es Vorbilder gibt, denen er folgen kann.

3 *Yang.* Die Erleuchteten sind verletzt und gehen im Süden auf Jagd. Auch wenn die Rädelsführer gefangen genommen werden, darf man

nicht zu schnell Richtigstellung erwarten. – *Bild* – Ziel der Jagd im Süden ist es, Großes zu erlangen.

4 *Yin.* Dringst du in die linke Bauchhöhle ein, findest du das Herz der Verletzung der Erleuchteten und willst das Haus verlassen. – *Bild* – Dringst du in die linke Bauchhöhle ein, erkennst du die Intention des Geistes.

5 *Yin.* Wenn du aufgrund der Erleuchtung verletzt bist wie der redliche Spross aus einem korrupten Haus, dann ist es förderlich, beharrlich und wahrhaft zu sein. – *Bild* – Die Beharrlichkeit des redlichen Sprosses aus einem korrupten Haus liegt darin, dass die Erleuchtung nicht aufgehalten werden kann.

6 *Yin.* Ohne Erleuchtung herrscht Finsternis. Zuerst steigst du in den Himmel empor, dann sinkst du in die Tiefen der Erde hinab. – *Bild* – Zuerst steigst du in den Himmel empor: du erleuchtest die Länder in allen vier Himmelsrichtungen; dann sinkst du in die Tiefen der Erde hinab: du bist von der Norm abgewichen.

37.
Die Familie

Für die Mitglieder einer Familie ist es förder-
lich, wenn die Frauen keusch sind.

GESAMTURTEIL

Für die Mitglieder einer Familie ist der rechte
Platz der Frau im Inneren, während der rechte
Platz des Mannes im Äußeren ist. Dass Mann und
Frau sich recht verhalten, ist von großer Bedeutung für Himmel und Erde. Die Mitglieder einer
Familie haben strenge Führer, nämlich Vater und
Mutter. Wenn der Vater sich wie ein Vater und
der Sohn sich wie ein Sohn verhält; wenn der
ältere Bruder sich wie ein älterer Bruder und der
jüngere Bruder wie ein jüngerer Bruder verhält;
wenn der Ehemann sich wie ein Ehemann und
die Ehefrau sich wie eine Ehefrau verhält, dann ist

die Familie auf dem rechten Weg. Stelle die rechte Ordnung in der Familie her, und die Welt wird geordnet sein.

DAS BILD

Wind kommt aus dem Feuer hervor – das Symbol der Familie. Die Worte edler Menschen beruhen auf dem Wirklichen, und sie handeln demgemäß.

DIE EINZELNEN LINIEN

1 *Yang.* Bewache das Haus, das du hast, und Bedauern schwindet. – *Bild* – Bewachst du das Haus, das du hast, dann hat sich dein Wille nicht verändert.

2 *Yin.* Geh nirgendwohin, bleibe im Inneren und sorge für Nahrung; dann ist es glückverheißend, beharrlich und wahrhaft zu sein. – *Bild* – Was für das Schwache in dieser Position glückverheißend ist, ist harmonischer Einklang.

3 *Yang.* Sind die Mitglieder einer Familie streng, dann bringt es Glück, gewissenhaft und eifrig zu sein. Sind die Frauen und Kinder übermütig, wird es in Schande enden. – *Bild* – Sind die

Mitglieder der Familie streng, haben sie keinen Fehltritt begangen. Sind die Frauen und Kinder übermütig, ist die Ordnung des Haushaltes verlorengegangen.

4 *Yin.* Die Familie zu bereichern ist sehr glückverheißend. – *Bild* – Die Familie zu bereichern ist sehr glückverheißend; dies heißt, dass Harmonie an ihrem Platz ist.

5 *Yang.* Der König erlangt ein Heim. Keine Sorge – es bringt Glück. – *Bild* – Der König erlangt ein Heim: das heißt, die Partner lieben einander.

6 *Yang.* Wo Wahrhaftigkeit ist, verheißt Würde ein gutes Ende. – *Bild* – Würde, die ein gutes Ende verheißt, bezieht sich auf Selbstprüfung und Besserung.

38.
Der Gegensatz

Besteht ein Gegensatz, dann bringt es Glück,
wenn er sich auf eine kleine Sache bezieht.

GESAMTURTEIL

Im Gegensatz bewegt sich das Feuer aufwärts,
während sich das Feuchte abwärts bewegt. Zwei
Frauen leben zusammen, aber sie verfolgen keine
gemeinsamen Ziele. Freudig am Licht festhalten,
sanft aufwärtsstreben: So erlangt das Handeln
seine Ausgewogenheit und kann auf feste Stärke
reagieren. Deshalb bringt es Glück, wenn es sich
um eine kleine Sache handelt. Himmel und Erde
stehen in Gegensatz zueinander, und doch ist ihr
Wirken ein gemeinsames Wirken. Mann und Frau
stehen in Gegensatz zueinander, und doch begegnen sich ihre Wünsche. Alle Wesen stehen in Ge-

gensatz zueinander, und doch plagen sie die gleichen Sorgen.

Es ist von größter Wichtigkeit, den Gegensatz zur rechten Zeit anzuwenden!

DAS BILD

Feuer oben und Feuchtigkeit unten – das Symbol des Gegensatzes. Edle Menschen wahren im Gemeinsamen das Besondere.

DIE EINZELNEN LINIEN

1 *Yang.* Bedauern schwindet. Verlierst du das Pferd, stell ihm nicht nach; es wird von selbst zurückkommen. Siehst du schlechte Menschen, wirst du ohne Makel sein. – *Bild* – Siehst du schlechte Menschen, vermeidest du Fehler.

2 *Yang.* Begegnest du dem Meister in einer engen Gasse, wirst du ohne Makel sein. – *Bild* – Begegnest du dem Meister in einer engen Gasse, hast du den Weg nicht verloren.

3 *Yin.* Du siehst, dass jemand den Wagen zurückhält und den Ochsen zum Stehen bringt: Diese Person wird dafür vom Himmel bestraft.

Obwohl es keinen Anfang gegeben hat, wird es ein Ende geben. – *Bild* – Wird der Wagen zurückgehalten, dann deswegen, weil er nicht den richtigen Platz einnimmt. Obwohl es keinen Anfang gegeben hat, wird es ein Ende geben: dann, wenn du auf das Feste und Starke triffst.

4 *Yang.* Du bist durch einen Gegensatz in die Isolation geraten. Wenn du guten Menschen begegnest, verkehre aufrichtig mit ihnen, und du wirst selbst in der Gefahr untadelig sein. – *Bild* – Bist du untadelig, weil du aufrichtig mit Menschen verkehrst, verfolgst du deine Ziele mittels gerichtetem Tun.

5 *Yin.* Bedauern schwindet. Hat die Sippe die Ihrigen bestraft, wie wäre es dann ein Fehler weiterzugehen? – *Bild* – Hat die Sippe die Ihrigen bestraft, dann bringt es Segen weiterzugehen.

6 *Yang.* Bist du durch einen Gegensatz in die Isolation geraten, erblickst du schmutzverschmierte Schweine und einen Wagen voller Dämonen. Die Bogen, die zuerst gespannt werden, sind die Bogen, die später weggelegt werden. Sie sind nicht Feinde, sondern Freunde. Gehst du weiter, ist es ein gutes Zeichen, wenn dich Regen überrascht. – *Bild* – Das

Glück, vom Regen überrascht zu werden, liegt darin, dass alle Arten von Zweifel und Verdacht schwinden.

39.
Das Hemmnis

Angesichts eines Hemmnisses ist der Südwesten glückverheißend, nicht aber der Nordosten. Es ist förderlich, große Menschen zu sehen. Es verheißt Gutes, beharrlich und wahrhaft zu sein.

GESAMTURTEIL

Ein Hemmnis ist eine Schwierigkeit, eine drohende Gefahr. Eine Gefahr sehen und innehalten können ist Wissen. Angesichts eines Hemmnisses ist der Südwesten glückverheißend: Du gehst weiter und findest deine Mitte. Der Nordosten ist nicht förderlich, denn dort mündet der Weg in eine Sackgasse. Es ist förderlich, große Menschen zu sehen, denn du vollbringst etwas, indem du dich ihnen zuwendest. Nimmst du den dir entsprechenden Platz ein, bringt es Glück, wenn du beharrlich und wahrhaft bist. So wird das Land richtiggestellt.

Von größter Wichtigkeit ist, Hemmnisse zur rechten Zeit einzusetzen!

DAS BILD

Auf dem Berg ist das Wasser – das Symbol des Hemmnisses. Edle Menschen entwickeln Tugenden, indem sie sich selbst prüfen.

DIE EINZELNEN LINIEN

1 *Yin.* Ist das Gehen gehemmt, findet Kommen Lob. – *Bild* – Ist das Gehen gehemmt, findet Kommen Lob: Es ist am besten, den rechten Zeitpunkt abzuwarten.

2 *Yin.* Erfahren Könige und Minister Hemmnis durch Schwierigkeiten, dann nicht aus persönlichen Gründen. – *Bild* – Erfahren Könige und Minister Hemmnis durch Schwierigkeiten, besteht letzten Endes keine Uneinigkeit.

3 *Yang.* Stößt das Gehen auf Hemmnis, komme zurück. – *Bild* – Stößt das Gehen auf Hemm-

nis, komme zurück; die zu Hause freuen sich darüber.

4 *Yin.* Stößt das Gehen auf Hemmnis, komme in Begleitung. – *Bild* – Stößt das Gehen auf Hemmnis, komme in Begleitung, so dass der Platz ausgefüllt werden kann.

5 *Yang.* Inmitten des größten Hemmnisses kommen Freunde. – *Bild* – Inmitten des größten Hemmnisses kommen Freunde, ausgewogen und maßvoll.

6 *Yin.* Stößt das Gehen auf Hemmnis, ist das Kommen großartig. Es ist förderlich, große Menschen zu sehen. – *Bild* – Stößt das Gehen auf Hemmnis, ist das Kommen großartig; dies bedeutet, dass der Wille im Inneren ist. Es ist förderlich, große Menschen zu sehen, denn dadurch kannst du dem folgen, was erhaben und vornehm ist.

40.
Die Lösung

Für die Lösung ist der Südwesten förderlich. Wenn du nirgendwo hingegangen bist, bringt das Wiederkehren Heil. Gibt es einen Ort, wohin du gehen kannst, bedeutet Schnelligkeit Heil.

GESAMTURTEIL

Lösung bedeutet Handeln in der Gefahr, um durch das Handeln der Gefahr zu entgehen. Um eine Lösung zu erreichen, ist der Südwesten förderlich, das heißt, durch Weitergehen werden Menschen gewonnen. Wenn du nirgendwo hingegangen bist, bringt Wiederkehren Heil; dies bedeutet, die Mitte zu erlangen. Gibt es einen Ort, wohin du gehen kannst, bedeutet Schnelligkeit Heil, und du kannst etwas vollenden, indem du weitergehst. Lösen sich Himmel und Erde, donnert und regnet es. Donnert und regnet es, springen die Knospen von Pflanzen und Bäumen auf. Der Zeitpunkt der Lösung ist äußerst wichtig!

DAS BILD

Donner und Regen – das Symbol der Lösung. So verzeihen edle Menschen Fehler und vergeben Unrecht.

DIE EINZELNEN LINIEN

1 *Yin.* Sei ohne Makel. – *Bild* – Wo das Feste und das Biegsame aufeinandertreffen, ist es richtig, ohne Makel zu sein.
2 *Yang.* Auf den Feldern fängst du drei Füchse und findest einen goldenen Pfeil. Dir wird Glück beschieden sein, wenn du aufrecht und wahrhaft bist. – *Bild* – Dem Starken wird Glück beschieden, wenn er aufrecht und wahrhaft ist und so den Weg der Mitte erlangt.
3 *Yin.* Bist du abhängig und trotzdem opportunistisch, machst du dir Feinde; es ist beschä-

mend, beharrlich zu sein. – *Bild* – Bist du abhängig und trotzdem opportunistisch, so ist das wirklich beschämend. Wenn du selbst den Angriff auf dich ziehst, wem kannst du dann die Schuld zuschieben?

4 *Yang.* Entfernst du deine große Zehe, nähern sich Freunde dieser Aufrichtigkeit. – *Bild* – Die große Zehe entfernen bedeutet, dass du erkennst, dass du nicht den gebührenden Platz innehast.

5 *Yin.* Es sind allein die edlen Menschen, die eine heilversprechende Lösung haben. Sie sind voll der Aufrichtigkeit gegenüber gewöhnlichen Menschen. – *Bild* – Haben edle Menschen eine Lösung, ziehen sich gewöhnliche Menschen zurück.

6 *Yin.* Ein Fürst schießt absichtlich auf einen Habicht auf der hohen Mauer; ihn zu erlegen gereicht allen zum Vorteil. – *Bild* – Ein Fürst, der absichtlich auf einen Habicht schießt, steht für die Auflösung von Zwietracht.

41.
Die Minderung

Minderung verbunden mit Aufrichtigkeit ist äußerst glückverheißend und makellos. Es ist angebracht, beharrlich und aufrecht zu sein. Es ist förderlich, etwas zu unternehmen. Was kannst du dafür verwenden? Zwei Schalen kannst du als Gabe verwenden.

GESAMTURTEIL

Minderung bedeutet, das Untere zu mindern, um das Obere zu mehren; ihr Weg führt nach oben. Ist Minderung mit Aufrichtigkeit verbunden, dann ist sie glückverheißend und makellos. Es ist angebracht, beharrlich und aufrecht zu sein, und es ist förderlich, etwas zu unternehmen. Was kannst du dafür verwenden? Zwei Schalen kannst du als Gabe verwenden. Die beiden Schalen müs-

sen den Zeiten entsprechen: Das Mindern des
Festen und das Mehren des Biegsamen haben ihre
Zeiten, denn Mindern und Mehren, Füllen und
Leeren folgen der Zeit.

DAS BILD

Unten am Berg ist der See – das Symbol der Minderung. So bändigen edle Menschen ihren Zorn
und lassen ab von ihren Begierden.

DIE EINZELNEN LINIEN

1 *Yang.* Schließe deine Geschäfte ab und geh
 schnell voran, und da ist kein Makel. Aber
 wäge ab, bevor du minderst. – *Bild* – Du
 schließt deine Geschäfte ab und gehst schnell
 voran; so schließt du dich höheren Zielen an.
2 *Yang.* Es ist förderlich, beharrlich und wahrhaft zu sein, aber es brächte Unglück, etwas zu
 unternehmen. Mindere es nicht, sondern mehre es. – *Bild* – Für die Starken in dieser Position
 ist es förderlich, beharrlich und wahrhaft zu
 sein, und ihr Ziel liegt in der Mitte.
3 *Yin.* Wenn drei Menschen miteinander wan-

dern, mindern sie sich um eine Person. Wenn eine Person allein wandert, findet sie einen passenden Gefährten. – *Bild* – Handelt eine Person als Individuum, so würde eine Gruppe Verdacht erregen.

4 *Yin.* Verminderst du das Leiden, so dass sich schnell wieder Freude einstellt, besteht kein Makel. – *Bild* – Verminderst du das Leiden, so ist das tatsächlich etwas, worüber man sich freuen kann.

5 *Yin.* Erhält man zehn Paar Schildkröten, ist wohl niemand fähig, sich dem zu widersetzen. Es verheißt großes Glück. – *Bild* – Das große Glück der Schwachen in dieser Position liegt darin, dass sie Hilfe von oben bekommen.

6 *Yang.* Mindere es nicht, sondern mehre es. Dies ist ohne Makel. Es bringt Glück, beharrlich und wahrhaft zu sein. Es ist förderlich, etwas zu unternehmen. Du findest Gehilfen, aber hast kein Haus. – *Bild* – Mindere es nicht, sondern mehre es. Dies bedeutet, dass du dein Ziel ganz verwirklichen kannst.

42.
Die Mehrung

*Das Mehren ist förderlich, wenn es irgend-
wohin geht. Es ist zuträglich, große Flüsse zu
durchqueren.*

GESAMTURTEIL

Mehrung bedeutet, das Obere zu mindern, um
das Untere zu mehren; die Freude des Volkes
kennt keine Grenzen. Vom Oberen zum Unteren hinabsteigen – dieser Weg ist wahrlich strah-
lend.
Es ist förderlich, etwas zu unternehmen, das
heißt, es wird sich Glück einstellen, wenn du
ausgewogen und aufrecht bist. Es ist zuträglich,
große Flüsse zu durchqueren, denn dann wird
der Weg harmonischen Handelns beschritten.
Die Mehrung ist aktiv und sanft und schreitet Tag

für Tag voran, grenzenlos. Der Himmel spendet,
die Erde gebiert, und ihr Mehren ist allumfas-
send.
In jedem Fall folgt der Weg des Mehrens dem
Lauf der Zeit.

DAS BILD

Wind und Donner symbolisieren die Mehrung.
Sehen edle Menschen das Gute, dann schließen
sie sich ihm an. Und wenn sie einen Fehler begangen haben, korrigieren sie ihn.

DIE EINZELNEN LINIEN

1 *Yang.* Es ist förderlich, große Taten zu vollbringen. Verheißen sie Glück, so gibt es keinen
   Makel. – *Bild* – Es gibt keinen Makel, wenn die
   Taten glückverheißend sind. Das bedeutet, dass
   auf Untergebene nicht hinabgeblickt wird.
2 *Yin.* Erhält man zehn Paar Schildkröten, ist
   wohl niemand fähig, sich dem zu widersetzen. Es verheißt Glück, für immer beharrlich
   und wahrhaft zu sein. Es verheißt dem König
   Glück, wenn er dem Gott entschlossen Opfer

darbringt. – *Bild* – Dass etwas dargebracht wird, bedeutet, dass es von außen kommt.

3 *Yin.* Benützt du unheilvolle Ereignisse, um etwas zu mehren, besteht kein Makel. Sei aufrecht und ausgewogen in deinem Handeln; berichtest du der Öffentlichkeit, dann verwende ein Zeichen deiner Autorität. – *Bild* – Unheilvolle Ereignisse wurden schon immer dazu benützt, etwas zu mehren.

4 *Yin.* Wird ein ausgewogenes Handeln offen kundgetan, folgt die Öffentlichkeit. Es ist von Vorteil, das Land zu verlegen, wenn es als Stützpunkt dienen muss. – *Bild* – Woran die Öffentlichkeit sich anschließen wird, wenn es offen kundgetan wird, ist der Wille, segensreiche Verbesserungen zu schaffen.

5 *Yang.* Aufrichtig sein beglückt das Herz, das steht außer Frage. Es ist glückverheißend. Aufrichtigkeit wird belohnt, indem sie als deine Tugend anerkannt wird. – *Bild* – Aufrichtig sein beglückt das Herz; stell dies nicht in Frage. Es wird belohnt, indem es als deine Tugend anerkannt wird. So hast du deine Absichten vollkommen verwirklicht.

6 *Yang.* Mehre etwas nicht so sehr, dass es angegriffen werden kann; strebst du etwas an, sei nicht so hartnäckig, dass es dir Unglück

bringt. – *Bild* – Wenn etwas nicht so sehr gemehrt werden sollte, so ist es Voreingenommenheit. Wird es angegriffen, kommt etwas von außen.

43.
Die Entschlossenheit

Entschlossenheit wird am Hof des Königs zur Sprache gebracht. Da ist ein aufrichtiger Aufschrei, dass eine Gefahr besteht. Wende dich deinem eigenen Bereich zu. Es ist nicht förderlich, gleich in den Krieg zu ziehen. Es ist jedoch zuträglich, etwas zu unternehmen.

GESAMTURTEIL

Entschlossenheit bedeutet, Unterscheidungen zu treffen, das Starke vom Schwachen zu trennen. Dabei bist du kraftvoll und heiter, entschlossen und sanft. Wenn sie am Hofe des Königs zur Sprache gebracht wird, weist dies auf eine Situation hin, in der das Schwache auf einer fünfmal größeren Stärke ruht. Ist ein aufrichtiger Warnruf da, dass eine Gefahr besteht, dann verbreitet diese Vorsicht Licht. Wende dich deinem eigenen Bereich zu; es wird dir nichts bringen, gleich in den Krieg zu ziehen, denn diese Wahl würde dich in eine verzweifelte Lage versetzen. Es ist förderlich, etwas zu unternehmen, denn so kann die Stärke wachsen und ihr Ende finden.

DAS BILD

Wasser, das bis zum Himmel reicht – das Symbol des Trennens. Edle Menschen verteilen ihre Reichtümer, um jene unter ihnen zu erreichen. Sind sie aber stolz auf ihre Tugend, werden sie gemieden.

DIE EINZELNEN LINIEN

1 *Yang.* Liegt die Kraft im ausschreitenden Fuß, ist es ein Fehler zu gehen, ohne zu siegen. – *Bild* – Unternimmst du etwas, ohne der Sache gewachsen zu sein, begehst du einen Fehler.

2 *Yang.* Bist du wachsam und vorsichtig, brauchst du nicht besorgt zu sein, auch wenn die Angreifer in der Nacht kommen. – *Bild* – Du brauchst nicht besorgt zu sein, auch wenn An-

greifer kommen, sobald du den Weg der Mitte gefunden hast.

3 *Yang.* Liegt die Kraft im Gesicht, kommt Unglück. Edle Menschen reisen entschlossen allein; überrascht sie der Regen und werden sie nass, gibt es Verärgerung, aber keinen Makel. – *Bild* – Sind edle Menschen entschlossen, dann sind sie letzten Endes ohne Makel.

4 *Yang.* Hast du kein Sitzfleisch, ist dein Gang hinkend. Führe ein Schaf am Strick, und das Bedauern schwindet. Du hörst Worte, glaubst aber nicht. – *Bild* – Ist dein Gang hinkend, dann ist deine Position dir nicht angemessen. Hörst du Worte, ohne zu glauben, dann ist dein Hören nicht klar.

5 *Yang.* Erfreulich, doch entschlossen, und ausgewogenes Handeln ist makellos. – *Bild* – Ist auch ausgewogenes Handeln makellos, ist die Ausgewogenheit doch noch nicht verherrlicht.

6 *Yin.* Ohne Warnruf kommt am Ende Unheil. – *Bild* – Das Unheil des Nichtrufens liegt darin, dass du schließlich unfähig bist weiterzumachen.

44.
Das Zusammentreffen

Ist eine Frau im Zusammentreffen stark, versuche nicht, sie zu heiraten.

GESAMTURTEIL

Das Zusammentreffen ist eine Begegnung, bei der das Biegsame auf das Feste trifft; sie sollten nicht versuchen zu heiraten, denn sie hätten keinen Bestand. Wenn Himmel und Erde zusammentreffen, erscheinen die Dinge und Wesen. Wenn das Feste auf das Ausgewogene und Aufrechte trifft, so geht alles auf der Welt voran. Der Zeitpunkt des Zusammentreffens ist von größter Wichtigkeit!

DAS BILD

Unter dem Himmel ist der Wind – das Symbol des Zusammentreffens. So geben die Führer Befehle aus, die in allen vier Himmelsgegenden verkündet werden müssen.

DIE EINZELNEN LINIEN

1 *Yin.* Wird mit einem metallenen Bremsschuh gebremst, ist es förderlich, beharrlich und aufrichtig zu sein. Unternimmst du etwas, wirst du Unglück erfahren. Ein ausgemergeltes Schwein macht vertrauensvoll Sprünge. – *Bild* – Du bringst einen metallenen Bremsschuh an, wenn das Schwache dich führt.

2 *Yang.* Ist der Fisch in der Reuse, gibt es keine Schwierigkeiten, aber es ist nicht von Vorteil für den Gast. – *Bild* – Es ist ein Fisch in der Reuse: dies bezieht sich auf eine Verpflichtung, die sich nicht auf die Gäste erstreckt.

3 *Yang.* Hast du kein Sitzfleisch, ist dein Gang hinkend. Strenge dich noch mehr an, und es wird keine größeren Schwierigkeiten geben. – *Bild* – Wenn der Gang hinkend ist, bedeutet dies, dass dein Verhalten noch schwankend ist.

4 *Yang.* Kein Fisch in der Reuse bringt Unglück hervor. – *Bild* – Das Unglück, keinen Fisch zu haben, bezieht sich auf die Entfremdung zwischen den Menschen.

5 *Yang.* Eine Melone in Weidenblätter einwickeln heißt, ihre Schönheit zu verbergen. Es fällt etwas vom Himmel zu. – *Bild* – Wenn die Starken in dieser Position die Schönheit verbergen, bedeutet dies, dass sie ausgewogen und aufrecht sind. Fällt dir etwas vom Himmel zu, bist du entschlossen, nicht vom Schicksal abzulassen.

6 *Yang.* Auf die Hörner zu treffen ist beschämend, aber ohne Makel. – *Bild* – Auf die Hörner zu treffen ist beschämend, weil an der Spitze die Erschöpfung steht.

45.
Das Sammeln

Sammeln führt zu Erfolg; der König begibt sich zu seinem Schrein. Es ist förderlich, große Menschen zu sehen, um Erfolg zu erlangen. Es ist zuträglich, aufrecht zu sein. Es ist gut, ein großes Opfer darzubringen. Es ist förderlich, etwas zu unternehmen.

GESAMTURTEIL

Sammeln bedeutet, sich zu versammeln. Voll Hingabe und Freude ist Stärke ausgewogen und einfühlsam. So findet sich eine Versammlung ein. Begibt sich der König zu seinem Schrein, bringt er aus Kindespflicht ein Opfer dar. Es ist förderlich, große Menschen zu sehen, um Erfolg zu erlangen, denn es bedeutet, sich um das Rechte zu scharen. Genauso ist es auch förderlich, aufrecht zu sein. Es ist gut, ein großes Opfer darzubringen, und es ist förderlich, etwas zu unternehmen: So folgst du den Anweisungen des Himmels. Beachte, worum sie sich sammeln, und du wirst den Zustand aller Wesen im Universum erkennen.

DAS BILD

Feuchtigkeit ist oberhalb der Erde – das Symbol des Sammelns. Edle Menschen benutzen Verteidigungswaffen, um sich auf das Unerwartete vorzubereiten.

DIE EINZELNEN LINIEN

1 *Yin.* Ist da Aufrichtigkeit, die nicht bis zum Ende besteht, kommt es zu Chaos und Zusammenrottung. Weinst du, wird sich das im Handumdrehen in Lachen verwandeln. Sorge dich nicht; wenn du gehst, gibt es keine Schwierigkeiten. – *Bild* – Chaos und Zusammenrottung bedeuten, dass ihr Geist verwirrt ist.

2 *Yin.* Ziehe Glück an, und da ist kein Makel. Bist du aufrichtig, ist es förderlich, eine Zeremonie abzuhalten. – *Bild* – Da ist kein Makel,

wenn du Glück anziehst, denn es bedeutet, dass die Ausgewogenheit in der Mitte unverändert geblieben ist.

3 *Yin.* Sammeln und Wehklagen bringen niemandem Gewinn. Geh, und da wird kein Makel sein, nur eine kleine Beschämung. – *Bild* – Geh, und da wird kein Makel sein, denn oben besteht Übereinstimmung.

4 *Yang.* Großes Glück, kein Makel. – *Bild* – Besteht Makellosigkeit nur dann, wenn großes Glück herrscht, ist die Position nicht angemessen.

5 *Yang.* Sammeln sie sich um den, der die Stellung innehat, beschuldigt niemand die Unaufrichtigen. Ist die Basis wahrhaft, schwindet das Bedauern. – *Bild* – Sammeln sie sich um den, der die Stellung innehat, ist der Wille noch nicht auf hohe Ziele gerichtet.

6 *Yin.* Klagen und Weinen, aber kein Makel. – *Bild* – Klagen und Weinen: Oben verweilst du nicht in Sicherheit.

46.

Das Emporsteigen

Das Emporsteigen ist ein großer Erfolg. Dadurch wirst du große Menschen sehen, sorge dich also nicht. Ein Feldzug in den Süden bringt Glück.

GESAMTURTEIL

Sei biegsam und passe dich der Zeit an, und du wirst emporsteigen. Du bist sanft und hingebungsvoll, deine Stärke ist ausgewogen und einfühlsam: Das ist der Weg zu großem Erfolg. Dadurch wirst du große Menschen sehen, sorge dich also nicht, denn Glückseligkeit wird sich einstellen. Ein Feldzug in den Süden bringt Glück; das bedeutet, dass du deine Ziele verwirklichen kannst.

DAS BILD

In der Erde wachsen die Bäume, sie steigen empor. Da sie auf ihre Tugenden bedacht sind, häufen edle Menschen Kleines an und bringen es zu erhabener Größe.

DIE EINZELNEN LINIEN

1 *Yin.* Emporsteigen durch Vertrauen bringt großes Glück. – *Bild* – Emporsteigen durch Vertrauen bringt großes Glück, denn oben herrscht Übereinstimmung im Geist.

2 *Yang.* Bist du aufrichtig, dann ist es förderlich, eine Zeremonie abzuhalten. Es besteht kein Makel. – *Bild* – Wenn die Starken in dieser Position aufrichtig sind, stellt sich Freude ein.

3 *Yang.* Steige empor durch ein leeres Reich. – *Bild* – Du steigst durch ein leeres Reich empor, und es gibt nichts, was dich zögern ließe.

4 *Yin.* Bringt der König auf dem Berg Opfer dar und verheißt es Glück, dann existiert kein Makel. – *Bild* – Der König bringt auf dem Berg Opfer dar: Du tust, was du tun musst.

5 *Yin.* Beharrlichkeit bringt Heil. Steige die Stufen empor. – *Bild* – Beharrlichkeit bringt Heil.

Du steigst die Stufen empor und verwirklichst dein Ziel vollkommen.

6 *Yin.* Um im Unbekannten emporzusteigen, ist es förderlich, unablässig beharrlich zu sein. – *Bild* – Steigst du im Unbekannten empor und schwindest du oben dahin, wirst du nicht gedeihen können.

47.
Die Erschöpfung

Erschöpft, aber erfolgreich, erlangen große Menschen, die beharrlich und aufrecht sind, Glück und sind ohne Makel. Es gibt Worte, denen kein Glaube geschenkt werden sollte.

GESAMTURTEIL

In der Erschöpfung ist die Stärke verdeckt. In schwierigen Situationen freudig sein und nicht vom Weg zum Erfolg abkommen – es scheint, als könnten das nur edle Menschen. Große Menschen, die beharrlich und aufrecht sind, erlangen Glück, weil ihre Stärke die Mitte gefunden hat. Es gibt Worte, denen du keinen Glauben schenken solltest, du gerätst nämlich in eine ausweglose Situation, wenn du Gerede zu hoch bewertest.

Ein See ohne Wasser – das Symbol der Erschöpfung.

Edle Menschen verwirklichen ihre Vorhaben, indem sie ihr Schicksal erfüllen.

DIE EINZELNEN LINIEN

1 *Yin.* Du sitzt erschöpft auf einem Baumstamm, gerätst in einen dunklen Abgrund und wirst drei Jahre nicht gesehen werden. – *Bild* – Du gerätst in einen dunklen Abgrund: Da ist Dunkelheit ohne Licht.

2 *Yang.* Sind deine Vorräte an Wein und Speisen erschöpft, dann kommt die königliche Robe. Es ist förderlich, eine Opferzeremonie abzuhalten.

Der Feldzug bringt Unheil, es gibt keine Schuld. – *Bild* – Deine Vorräte an Wein und Speisen sind erschöpft, und in deinem Herzen herrscht Freude.

3 *Yin.* Erschöpft auf einem Felsen, hältst du dich an Dornenranken fest. Du gehst in dein Gemach und siehst deine Frau nicht. Das bringt Unglück. – *Bild* – Hältst du dich an Dornen-

ranken fest, so ruhst du auf dem Festen. Gehst du in dein Gemach, ohne deine Frau zu sehen, kommt Unglück.

4 *Yang.* Du kommst ganz langsam und erschöpft in einem goldenen Wagen. Es ist beschämend, aber es hat ein Ende. – *Bild* – Kommst du langsam, ist der Wille auf etwas Niederes gerichtet. Obwohl du nicht den angemessenen Platz einnimmst, besteht ein partnerschaftliches Verhältnis.

5 *Yang.* Nase und Füße sind abgeschnitten. Erschöpft bist du in der königlichen Robe. Danach stellt sich langsam Freude ein. Es ist förderlich, ein Opfer darzubringen. – *Bild* – Nase und Füße sind abgeschnitten: Du hast also deine Ziele nicht verwirklicht. Danach stellt sich langsam Freude ein, vorausgesetzt, du bist ausgewogen und direkt. Es ist förderlich, ein Opfer darzubringen, als Dank für den empfangenen Segen.

6 *Yin.* Du bist erschöpft, weil du in Ungewissheiten und in Schwierigkeiten verstrickt bist. Wenn du denkst, dass Handeln Bedauern schafft, wird auch Bedauern da sein. Es bringt Glück, sich auf den Weg zu machen. – *Bild* – Bist du erschöpft, weil du in Verstrickungen gefangen bist, hast du noch nicht gemeistert,

was vor dir liegt. Dass sich Bedauern auch einstellt, wenn du deine Handlungen bedauerst,
zeigt, dass das Glück wirksam wird.

48.
Der Brunnen

Ist ein Brunnen da, magst du die Stadt ver-
ändern, nicht aber den Brunnen. Es gibt we-
der Gewinn noch Verlust. Da ist ein Kom-
men und Gehen, aber der Brunnen bleibt
ein Brunnen. Reicht es auch fast hinunter in
den Brunnen, ist das Seil doch noch nicht
lang genug, um Wasser zu schöpfen. Den Ei-
mer zu zerbrechen bringt Unheil.

GESAMTURTEIL

Wind unter dem Wasser, der das Wasser steigen
lässt, symbolisiert einen Brunnen. Ein Brunnen
nährt, ohne sich zu erschöpfen. Wird die Stadt
verändert, so bedeutet dies nicht auch den Brunnen zu verändern; das heißt, dass du mit fester
Stärke und Ausgewogenheit handelst. Es gibt we-

der Gewinn noch Verlust, ungeachtet dessen, was kommt oder geht, der Brunnen bleibt ein Brunnen. Reicht das Seil auch fast hinunter in den Brunnen, ist es doch noch nicht lang genug, um Wasser aus dem Brunnen zu schöpfen. Das bezieht sich auf einen Menschen, der noch nichts erfolgreich vollbracht hat. Den Eimer zu zerbrechen weist darauf hin, wie Unglück entsteht.

DAS BILD

Über dem Holz ist Wasser – das Symbol des Brunnens. Edle Menschen fördern Gegenseitigkeit, indem sie das Volk ermutigen.

DIE EINZELNEN LINIEN

1 *Yin.* Der Schlamm im Brunnen wird nicht getrunken. Zu einem verlassenen Brunnen kommen keine Tiere. – *Bild* – Der Schlamm im Brunnen wird nicht getrunken, denn er hat sich am Grund abgesetzt. Zu einem verlassenen Brunnen kommen keine Tiere; er bleibt sich selbst überlassen.
2 *Yang.* Das Wasser aus den Tiefen eines Brun-

nens nährt einen Fisch. Der Krug ist zerbrochen und leckt. – *Bild* – Das Wasser aus den Tiefen eines Brunnens nährt nur einen Fisch, der keine Gefährten hat.

3 *Yang.* Der Brunnen wird gereinigt, aber niemand trinkt aus ihm; das tut einem im Herzen weh. Man kann aus ihm schöpfen, und wenn der Herrscher versteht, ist es segensreich für alle. – *Bild* – Wird ein Brunnen gereinigt, aber trinkt man nicht aus ihm, so sind alle praktischen Maßnahmen schmerzvoll. Das Verständnis des Herrschers suchen bedeutet, Segen zu empfangen.

4 *Yin.* Ist der Brunnen gemauert, gibt es keine Schwierigkeiten. – *Bild* – Ist der Brunnen gemauert, gibt es keine Schwierigkeiten, denn er wird repariert.

5 *Yang.* Ist der Brunnen klar, trinkst du aus der kühlen Quelle. – *Bild* – Aus der kühlen Quelle zu trinken heißt, aufrecht und ausgewogen zu sein.

6 *Yin.* Während du aus dem Brunnen schöpfst, bedecke ihn nicht. Wahrhaftigkeit verheißt großes Glück. – *Bild* – Großes Glück an oberster Stelle ist große Vollendung.

49.
Der Wandel

Der Wandel erweist sich als wahrhaft an dem Tag, an dem er Vollendung findet. Willst du großen Erfolg erlangen, ist es förderlich, beharrlich und aufrecht zu sein; dann schwindet Bedauern.

GESAMTURTEIL

Wasser löscht Feuer, und Feuer lässt Wasser verdunsten – das Symbol des Wandels. Zwei Frauen leben miteinander, aber ihre Gesinnungen stimmen nicht überein; dies ist ein Symbol des Wandels. Er erweist sich als wahrhaft an dem Tag, an dem er Vollendung findet; erst wenn der Wandel geschehen ist, glaubt man an ihn. Ist er aufgeklärt und heiter, ist er erfolgreich, weil er rechtens und angebracht ist, dann schwindet Bedauern. Da

Himmel und Erde sich verändern, entstehen die vier Jahreszeiten. Als die Herrscher früherer Zeiten die gesellschaftliche Ordnung veränderten, folgten sie dabei der Natur und entsprachen dem Menschlichen. Der Zeitpunkt des Wandels ist von allergrößter Bedeutung!

DAS BILD

Im See ist Feuer – das Symbol des Wandels. Edle Menschen grenzen die Jahreszeiten klar voneinander ab, indem sie Kalender erstellen.

DIE EINZELNEN LINIEN

1 *Yang.* Benütze das Fell eines gelben Ochsen, um Festigkeit zu erlangen. – *Bild* – Benütze das Fell eines gelben Ochsen, um Festigkeit zu erlangen, also dann, wenn es nicht angebracht wäre zu handeln.

2 *Yin.* An dem Tag, an dem es vollbracht ist, hast du einen Wandel bewirkt. Es bringt Glück aufzubrechen. Es wird keine Schwierigkeit geben. – *Bild* – An dem Tag, an dem es vollbracht ist, ist der Vollzug des Wandels lobenswert.

3 *Yang.* Lässt eine Unternehmung Unglück ahnen, dann ist es gefährlich weiterzumachen. Wird dreimal erfolgreich von Wandel gesprochen, dann liegt Wahres darin. – *Bild* – Wenn dreimal erfolgreich von Wandel die Rede war, wohin solltest du dann gehen?

4 *Yang.* Wenn Bedauern schwindet und Vertrauenswürdigkeit da ist, bringt eine Umwälzung Heil. – *Bild* – Was Heil für eine Umwälzung verspricht, ist der Glauben an ihre Sinnhaftigkeit.

5 *Yang.* Große Menschen wandeln sich wie Tiger. Sie haben Gewissheit, ohne auf Vermutungen angewiesen zu sein. – *Bild* – Dass große Menschen sich wie Tiger wandeln, bedeutet, dass ihre Muster klar und deutlich sind.

6 *Yin.* Edle Menschen wandeln sich wie Leoparden; gewöhnliche Menschen verändern ihre äußere Erscheinung. Es ist nicht günstig, etwas in Angriff zu nehmen, es ist günstig, in Beharrlichkeit zu verweilen. – *Bild* – Edle Menschen wandeln sich wie Leoparden, denn ihre Muster sind verschlungen. Gewöhnliche Menschen verändern ihre äußere Erscheinung, denn sie passen sich den Führern an, denen sie folgen.

50.
Der Schmelztiegel

Der Schmelztiegel symbolisiert großes Glück und Erfolg.

GESAMTURTEIL

Der Schmelztiegel ist ein Symbol; Holz, Wind und Feuer werden benutzt, um Speisen gar zu kochen. Weise kochen, um Gott ein Opfer darzubringen, und ihr großes Opfer wird dargebracht, indem sie das Weise nähren. Du bist durchdringend, klaren Auges und Ohres, schreitest sanft nach oben, findest deine Mitte im Handeln und tust dich mit den Starken zusammen: Dies ist der Weg zu großem Erfolg.

Über dem Holz ist Feuer – das Symbol des Schmelztiegels. Edle Menschen festigen ihr Leben, indem sie den richtigen Platz einnehmen.

DIE EINZELNEN LINIEN

1 *Yin.* Wird der Tiegel umgedreht, so dass seine Füße nach oben zeigen, ist es leichter, das Schlechte auszuleeren. Nimmst du eine Konkubine, gibt es keinen Makel, solange sie einen Sohn hat. – *Bild* – Wird der Tiegel umgedreht, so ist das nicht unbedingt negativ, denn es macht es leichter, das Schlechte zu entfernen und sich dem Wertvollen zuzuwenden.

2 *Yang.* Der Tiegel ist gefüllt, und meine Gegner sind eifersüchtig, aber ihre Eifersucht kann mir nichts anhaben. Dies bringt Glück. – *Bild* – Der Tiegel ist gefüllt: Achte darauf, wohin du dich begibst. Wenn meine Gegner eifersüchtig sind, werden wir nie Vertrautheit erlangen.

3 *Yang.* Wenn die Henkel des Tiegels verändert sind, ist er in seiner Funktion beeinträchtigt; das Fett des Fasans wird nicht gegessen. Erst wenn Regen fällt, nimmt das Bedauern ab, und

alles wird ein gutes Ende nehmen. – *Bild* – Die Henkel eines Tiegels werden verändert: Du bist deiner Pflicht nicht nachgekommen.

4 *Yang.* Wenn dem Tiegel die Füße brechen und das Mahl des Fürsten verschüttet wird, folgt eine strenge Strafe. Unheil. – *Bild* – Das Mahl des Fürsten verschütten bedeutet, dass deine Vertrauenswürdigkeit in Frage gestellt wird.

5 *Yin.* Hat ein Tiegel goldene Henkel und eine Tragestange aus Jade, so gereicht dies den Aufrechten und Wahrhaften zum Vorteil. – *Bild* – Goldene Henkel an einem Tiegel stehen dafür, dass du Ausgewogenheit benutzt, um Erfüllung zu finden.

6 *Yang.* Ein Henkel aus Jade an einem Tiegel verheißt großes Glück; es gibt nichts, wofür dies nicht von Vorteil wäre. – *Bild* – Ein Henkel aus Jade befindet sich an oberster Stelle; er symbolisiert die Verbindung des Festen mit dem Biegsamen.

51.
Der Donner

Der Donner bringt Erfolg: Kommt der Don-
ner, ertönt ein Schreckensruf, dann kommt
der Frohsinn lachender Worte. Der Donner
verbreitet Erschrecken über hundert Meilen,
aber er bewirkt nicht den Verlust ernsthafter
Hingabe.

GESAMTURTEIL

Donner bedeutet Erfolg: Kommt der Donner,
ertönt ein Schreckensruf, das heißt, Furcht
bringt Glück; darauf folgt der Frohsinn lachender Worte: Nachher hat man ein Vorbild. Der
Donner verbreitet Erschrecken über hundert
Meilen: Er schreckt jene in der Ferne auf und
ängstigt jene in der Nähe. Durch ernsthafte Hingabe ist es möglich, Erbe und Land zu bewahren

und die Rolle der geheiligten Führung zu übernehmen.

DAS BILD

Wiederkehrender Donner bewirkt Aufruhr. Edle Menschen prüfen sich selbst unter Furcht und Zittern.

DIE EINZELNEN LINIEN

1 *Yang.* Kommt der Donner, ertönt ein Schreckensruf; es verheißt Glück, wenn darauf fröhliche Stimmen folgen. – *Bild* – Kommt der Donner, ertönt ein Schreckensruf; Furcht kann Glück bringen. Ertönen fröhliche Stimmen, hat man danach ein Vorbild.

2 *Yin.* Nahender Donner ist gefährlich. Du erinnerst dich an den Verlust eines Schatzes und ersteigst neun Hügel, aber du solltest ihm nicht nachjagen, denn du wirst ihn in sieben Tagen erlangen. – *Bild* – Der nahende Donner ist gefährlich, weil er auf dem Unnachgiebigen ruht.

3 *Yin.* Ist der Donner schwach, rüttle dich wach und handle, und du bist frei von Fehlern. –

Bild – Schwacher Donner bedeutet, dass die Position nicht angemessen ist.

4 *Yang.* Der Donner versinkt im Schlamm. – *Bild* – Der Donner versinkt im Schlamm: Du hast deine strahlende Größe nicht erlangt.

5 *Yin.* Der Donner, der kommt und geht, ist gefährlich. Bedenke, da ist kein Verlust, aber Grund zum Handeln. – *Bild* – Der Donner, der kommt und geht, ist gefährlich: Du handelst in einer gefährlichen Lage. Was du tun musst, ist, in der Mitte zu verweilen, denn dann wird es tatsächlich keinen Verlust geben.

6 *Yin.* Der Donner verhallt, der Blick ist unstet; es bringt Unglück, etwas zu unternehmen. Berührt der Donner nicht den Einzelnen, sondern die Nachbarschaft, besteht kein Makel. Gehst du eine Partnerschaft ein, gibt es Gerede. – *Bild* – Der Donner verhallt: Du hast die Mitte noch nicht gefunden. Trotz der bösen Vorzeichen ist da kein Makel, weil dich das, was den Nachbarn widerfahren ist, gewarnt hat.

52.
Die Berge

Berge stehen Rücken an Rücken. Erkennst du dich nicht selbst und siehst du die Menschen nicht, während du durch den Garten gehst, besteht kein Makel.

GESAMTURTEIL

Berge symbolisieren das Innehalten. Wenn es Zeit ist innezuhalten, dann halte inne; wenn es Zeit ist zu handeln, dann handle. Verfehlen weder das Handeln noch die Stille den rechten Zeitpunkt, dann ist der Weg erleuchtet. Berge bedeuten Stille, denn sie halten am rechten Ort inne und verweilen dort. Wenn jene oben und jene unten einander entgegengesetzt sind, haben sie nichts miteinander zu tun. Das ist der Grund, warum kein Makel besteht, wenn du dich nicht selbst erkennst und die Menschen nicht siehst, während du durch den Garten gehst.

DAS BILD

So wie die Berge unverändert beisammenstehen, verlassen edle Menschen mit ihren Gedanken den ihnen gebührenden Platz nicht.

DIE EINZELNEN LINIEN

1 *Yin.* Hältst du deine Füße still, gibt es keinen Makel. Es ist förderlich, immer beharrlich und wahrhaft zu sein. – *Bild* – Hältst du deine Füße still, dann hältst du inne, bevor du einen Fehltritt getan hast.

2 *Yin.* Rettet dich das Stillehalten der Waden nicht vor dem Nachfolgen, ist das Herz betrübt. – *Bild* – Wirst du nicht vor dem Nachfolgen gerettet, so hast du dich nicht gehorsam zurückgezogen.

3 *Yang.* Innehalten an der Grenze bricht die Kontinuität. Gefahr beeinflusst das Herz. – *Bild* – Da du an der Grenze innehältst, beeinflusst die Gefahr dein Herz.

4 *Yin.* Innehalten im Körper ist ohne Makel. – *Bild* – Innehalten im Körper bedeutet, dass du den Dingen in dir selbst Einhalt gebietest.

5 *Yin.* Halte die Kiefer still, ordne deine Worte, und das Bedauern schwindet. – *Bild* – Halte deine Kiefer ausgewogen und sorgfältig still.

6 *Yang.* Achtsames Innehalten bringt Heil. – *Bild* – Das Heil des achtsamen Innehaltens kommt daher, dass du mit aufmerksamer Sorgfalt bis zum Ende gegangen bist.

53.
Das allmähliche Fortschreiten

Allmähliches Fortschreiten ist glückverhei-
ßend, wenn eine Frau heiratet; es ist förder-
lich, keusch zu sein.

GESAMTURTEIL

Allmähliches Fortschreiten ist glückverheißend,
wenn eine Frau heiratet. Hat das Fortschreiten
die rechte Stufe erlangt, ist das Weitergehen erfolgreich. Indem man auf die rechte Art und
Weise fortschreitet, vermag man das Land in
Ordnung zu bringen. Die rechte Stufe ist dann
erreicht, wenn das Feste ausgewogen ist. Ist das
Handeln ruhig und harmonisch, dann erschöpft
es sich nicht.

Auf dem Berg sind Bäume, die allmählich wachsen. Edle Menschen verfeinern die Sitten, indem sie in Weisheit und Tugend leben.

DIE EINZELNEN LINIEN

1 *Yin.* Wenn die Wildgänse sich allmählich dem Ufer nähern und die Jungen kämpfen, dann gibt es hilfreiche Worte, aber keinen Tadel. – *Bild* – Es ist richtig, dass die Jungen nicht getadelt werden dürfen, wenn sie kämpfen.

2 *Yin.* Es ist heilbringend, wenn die Wildgänse sich allmählich einem Felsen nähern und glücklich essen und trinken. – *Bild* – Glücklich essen und trinken bedeutet nicht, sich einfach der Völlerei hinzugeben.

3 *Yang.* Die Wildgänse ziehen allmählich der Hochebene zu. Der Ehemann zieht aus und kehrt nicht zurück. Die Frau wird schwanger und bringt das Kind nicht zur Welt. Das bedeutet Unheil. Es ist förderlich, den Feind vorsätzlich abzuwehren. – *Bild* – Der Ehemann zieht aus und kehrt nicht zurück: Das ist die Ungnade, die dem widerfährt, der die Gruppe

verlässt. Die Frau wird schwanger und bringt das Kind nicht zur Welt, denn sie ist vom rechten Weg abgewichen. Es ist förderlich, den Feind vorsätzlich abzuwehren, um sich hingebungsvoll gegenseitig zu schützen.

4 *Yin*. Wenn die Wildgänse sich allmählich in den Bäumen niederlassen und einen flachen Ast finden, existiert kein Makel. – *Bild* – Einen flachen Ast finden heißt, hingebungsvoll übereinstimmen.

5 *Yang*. So wie eine Wildgans allmählich auf eine Anhöhe zieht, wird eine Frau drei Jahre lang nicht schwanger, aber letzten Endes kann sie niemand besiegen. Das bringt Glück. – *Bild* – Ist man bis zum Ende unbesiegbar, bringt es Glück, seine Wünsche zu verwirklichen.

6 *Yang*. Wenn die Wildgänse allmählich in die Ebene weiterziehen, können ihre Federn für Zeremonien verwendet werden. Dies ist glückverheißend. – *Bild* – Es ist glückverheißend, wenn die Federn für Zeremonien verwendet werden können, denn das bedeutet, dass man nicht leicht in Verwirrung gerät.

54.
Das heiratende Mädchen

Einem heiratenden Mädchen bringt es Un-
glück, etwas zu unternehmen, denn es gibt
nichts zu gewinnen.

GESAMTURTEIL

Eine Heirat ist eine wichtige Angelegenheit für
Himmel und Erde. Stehen Himmel und Erde
nicht in Einklang, kann nichts gedeihen. Eine
Heirat ist für die Menschen Beginn und Ende.
Wenn es aus einem Gefühl der Anziehung heraus
handelt, ist das heiratende Mädchen ein unreifes
Mädchen. Ein Unternehmen bringt Unglück,
weil es unangebracht ist; es gibt nichts zu gewinnen, denn das Schwache ruht auf dem Starken.

DAS BILD

Über dem See ist der Donner – das Symbol des jungen Mädchens, das heiraten wird. Edle Menschen wissen, was falsch ist, indem sie Ergebnisse überdenken, die von Dauer sind.

DIE EINZELNEN LINIEN

1 *Yang.* Wird ein Mädchen, das heiratet, zur Nebenfrau, kann der Lahme gehen, und es bringt Glück weiterzugehen. – *Bild* – Wird ein Mädchen, das heiratet, zur Nebenfrau, dann ist sie beständig. Das Glück des Lahmen, der gehen kann, steht für gegenseitige Unterstützung.

2 *Yang.* Kannst du nur verschwommen sehen, ist es förderlich, so beharrlich und wahrhaft wie ein Einsiedler zu sein. – *Bild* – Es ist förderlich, so beharrlich und wahrhaft wie ein Eremit, also unwandelbar und beständig zu sein.

3 *Yin.* Wenn ein junges Mädchen, das heiratet, dies voller Erwartungen tut, dann heiratet sie statt dessen als Nebenfrau. – *Bild* – Ist ein junges Mädchen, das heiratet, voller Erwartungen, dann hat es eine Stellung inne, die ihm noch nicht angemessen ist.

4 *Yang.* Verschiebt ein junges Mädchen den Tag seiner Heirat, verlegt es seine Heirat auf den richtigen Zeitpunkt. – *Bild* – Der Tag der Heirat wird deswegen verschoben, damit gehandelt werden kann, wenn bestimmte Bedingungen herrschen.

5 *Yin.* Der Herrscher verheiratet seine jüngere Schwester; die Gewänder der Prinzessin sind nicht so prächtig wie die der Hofdamen. Der Mond, der fast voll ist, bringt Heil. – *Bild* – Verheiratet der Herrscher seine jüngere Schwester, ist sie nicht so prächtig gewandet wie die Hofdamen. Dies bedeutet, dass sie ausgewogen ist und sich vornehm verhält.

6 *Yin.* Eine Frau erhält eine Truhe, die leer ist. Ein Mann opfert eine Ziege, aber es fließt kein Blut. Das bringt keinen Gewinn. – *Bild* – Schwäche an oberster Stelle bedeutet Substanzlosigkeit; es ist, als würdest du in den Besitz einer leeren Truhe kommen.

55.
Die Fülle

Fülle bringt Erfolg. Könige vergrößern sie.
Sorge dich nicht; es ist gut, wenn die Sonne
im Zenit steht.

GESAMTURTEIL

Fülle bedeutet Größe. Verstehen, das sich im
Handeln niederschlägt, führt zu Fülle. Könige
vergrößern Fülle, das heißt, sie schätzen Größe.
Sorge dich nicht, denn es ist gut, wenn die Sonne am Mittag steht: Dies bedeutet, dass es gut
ist, die ganze Welt zu erleuchten. Hat die Sonne
den höchsten Punkt erreicht, dann beginnt sie
zu sinken; ist der Mond voll, dann beginnt er
abzunehmen.
Selbst Himmel und Erde füllen sich und leeren sich, sie nehmen zu und ab in Einklang mit

den Jahreszeiten. Um wie viel mehr gilt dies für die Menschen oder gar für Geister und Götter!

DAS BILD

Donner und Blitz kommen beide, das ist die Fülle.
Edle Menschen fällen Urteile und verhängen Strafen.

DIE EINZELNEN LINIEN

1 *Yang.* Begegnest du einem starken Partner, so mögt ihr beide gleichgestellt sein, und es ist kein Fehler. – *Bild* – Dass es kein Fehler ist, wenn ihr gleichgestellt seid, bedeutet, dass es verheerend ist, jenseits von Gleichheit zu gehen.

2 *Yin.* Ist die Fülle ein Schatten, siehst du am Mittag den Nordstern. Machst du weiter, setzt du dich Verdächtigungen und Verachtung aus. Es ist förderlich, wenn du auf offensichtliche Art und Weise wahrhaft bist. – *Bild* – Auf offensichtliche Art und Weise wahrhaft sein be-

deutet, seine Ziele und Vorhaben offen darzulegen.

3 *Yang.* Ist die Fülle ein Platzregen, siehst du Tröpfchen in der Sonne. Du brichst dir den rechten Arm, und niemand ist schuld. – *Bild* – Ist da ein heftiger Platzregen, ist es nicht möglich, große Taten zu setzen. Brichst du dir den rechten Arm, erweist du dich als unbrauchbar.

4 *Yang.* Ist die Fülle ein Schatten, siehst du am Mittag den Nordstern. Es ist förderlich, wenn du den verborgenen Meister triffst. – *Bild* – Die Fülle ist dann ein Schatten, wenn deine eigene Position nicht angemessen ist. Den Nordstern am Mittag sehen bezieht sich auf Dunkelheit und einen Mangel an Klarheit. Den verborgenen Meister zu treffen ist ein glückbringendes Unterfangen.

5 *Yin.* Es bedeutet Heil, wenn es in Feierlichkeiten und Lob mündet, ausgezeichnete Leistungen zu erbringen. – *Bild* – Dem Schwachen in dieser Position bringt es Glück, wenn er etwas zu feiern hat.

6 *Yin.* Du legst deine Räume riesig an und zäunst dein Haus ein; späht man durch die Tür, so ist es still, niemand ist da, unsichtbar für drei Jahre. Das bringt Unglück. – *Bild* – Riesige

Räume bedeuten, voller Stolz bis ans Ende des Himmels zu fliegen. Späht man durch die Tür und findet man das Haus still und verlassen vor, so heißt das, dass man für sich bleibt.

56.
Das Reisen

Reisen bringt Erfolg, wenn Vorsicht und
Zurückhaltung geübt werden.
Beim Reisen verheißt es Glück, beharrlich
zu sein.

GESAMTURTEIL

Reisen bringt Erfolg, wenn Vorsicht und Zu-
rückhaltung geübt werden.
Das Biegsame erlangt seine Ausgewogenheit im
Äußeren und steht zudem in Einklang mit dem
Festen.
Es verharrt in Ruhe und bahnt sich den Weg zum
Verstehen. Aus diesem Grund bringt das Reisen
Erfolg, wenn Vorsicht und Zurückhaltung geübt
werden, und es verheißt Glück, beharrlich zu
sein.

Der rechte Zeitpunkt ist beim Reisen von größter Bedeutung!

DAS BILD

Auf dem Berg ist Feuer – das Symbol des Reisens. Edle Menschen verhängen Strafen vorsichtig und verständnisvoll und lassen Menschen nicht im Gefängnis.

DIE EINZELNEN LINIEN

1 *Yin.* Verlierst du dich in Nebensächlichkeiten, so ist das eine Unannehmlichkeit, die das Reisen mit sich bringt. – *Bild* – Verlierst du dich in Nebensächlichkeiten, so ist das das Elend der Enttäuschung.

2 *Yin.* Kommst du auf deiner Reise zu einer Herberge, dann behalte dein Geld bei dir, und du gewinnst die Loyalität der Diener. – *Bild* – Gewinnst du die Loyalität der Diener, gibt es letzten Endes keinen Groll.

3 *Yang.* Brennst du auf deiner Reise die Herberge nieder und verlierst du deine Diener, bist du in Gefahr, selbst wenn du beharrlich bist. –

Bild – Brennst du auf deiner Reise die Herberge nieder, wirst du dabei auch Verletzungen davontragen. Reist du mit Untergebenen auf diese Art und Weise, ist es recht, wenn du sie verlierst.

4 *Yang.* Verweilst du auf deiner Reise irgendwo, magst du Mittel und Werkzeuge erlangen, aber dein Herz wird nicht glücklich sein. – *Bild* – Irgendwo auf der Reise verweilen bedeutet, dass du keine Stellung erlangt hast. Selbst wenn du dann Mittel und Werkzeuge bekommst, wird dein Herz noch nicht glücklich sein.

5 *Yin.* Du schießt einen Fasan, und ein Pfeil ist verloren. Am Ende wirst du ehrenvoll in ein Amt eingesetzt. – *Bild* – Wirst du am Ende ehrenvoll in ein Amt eingesetzt, heißt das, dass du höhere Ziele verwirklichst.

6 *Yang.* Ein Vogel verbrennt sein Nest. Zuerst lacht der Reisende, danach weint er. Es bringt Unglück, leichthin einen Ochsen zu verlieren. – *Bild* – Hat das Reisen seinen Höhepunkt erreicht, ist es richtig, das Nest zu verbrennen; das Unglück, leichthin einen Ochsen zu verlieren, liegt darin, dass man es nicht einmal merkt.

57.
Die Anpassung

*In der Anpassung ist das Kleine erfolgreich;
es ist förderlich zu wissen, wohin zu gehen,
und es ist förderlich, große Menschen zu
sehen.*

GESAMTURTEIL

Doppelte Anpassung wird benutzt, um das Wiederholen von Anweisungen auszudrücken. Das Starke passt sich der Ausgewogenheit und Korrektheit an, daher wird der Wille in die Tat umgesetzt. Die Schwachen passen sich dem Starken an, und deswegen ist das Kleine erfolgreich. Es ist förderlich, zu wissen, wohin zu gehen, und große Menschen zu sehen.

Einander folgende Winde symbolisieren Anpassung. Edle Menschen wiederholen Anweisungen, auf dass Dinge vollbracht werden.

DIE EINZELNEN LINIEN

1 *Yin.* Gehst du vorwärts und rückwärts, ist es förderlich, standfest wie ein Krieger zu sein. – *Bild* – Gehst du vorwärts und rückwärts, ist dein Wille schwankend. Es ist förderlich, standfest wie ein Krieger zu sein, denn dann ist dein Wille fest.

2 *Yang.* Erfolgt die Anpassung auf niedrigerer Stufe als gewöhnlich, ist es glückverheißend, eine große Anzahl von Vermittlern einzusetzen; so gibt es keine Schuld. – *Bild* – Eine große Anzahl ist glückverheißend, vorausgesetzt, du findest die Mitte.

3 *Yang.* Wiederholte Anpassung ist beschämend. – *Bild* – Die Beschämung bei wiederholtem Anpassen kommt daher, dass die Absichten vereitelt werden.

4 *Yin.* Schwindet das Bedauern, fängst du drei Arten Wild bei der Jagd. – *Bild* – Drei Arten

von Wild bei der Jagd fangen bedeutet, dass etwas erfolgreich vollendet wird.

5 *Yang.* Es bringt Glück, aufrecht und wahrhaft zu sein; Bedauern schwindet, und es gibt nichts, was nicht förderlich wäre. Obwohl es keinen Anfang gibt, ist da ein Ende. Es verheißt Gutes, vor einer Veränderung sorgfältig und nach einer Veränderung nachsinnend zu sein. – *Bild* – Für den Starken in dieser Position ist es glückverheißend, korrekt und ausgewogen zu sein.

6 *Yang.* Erfolgt die Anpassung auf niedrigerer Stufe als gewöhnlich, verlierst du deine Mittel und Werkzeuge. Das bringt Unglück, selbst wenn du beharrlich bist. – *Bild* – Erfolgt die Anpassung auf niedrigerer Stufe als gewöhnlich, bist du in einer Führungsposition hilflos; der Verlust deiner Mittel und Werkzeuge bedeutet tatsächlich ein Unglück.

58.
Die Freude

*Soll Freude erfolgreich sein, ist es förderlich,
korrekt zu sein.*

GESAMTURTEIL

Freude bedeutet Heiterkeit. Das Feste ist in der
Mitte, das Biegsame ist außen. So fördert die
Freude das Aufrechte. Dies ist der Weg, um mit
der Natur in Einklang zu sein und sich in die
Menschen einzufühlen. Gehst du den Menschen
freudig voraus, vergessen sie ihre Mühen. Nimmst
du Schwierigkeiten fröhlich in Angriff, fürchten
die Menschen den Tod nicht. Die Bedeutung der
Freude liegt darin, wie sie die Menschen ermun-
tert.

Verbundene Seen symbolisieren die Freude.
Edle Menschen bilden Vereinigungen zur Erforschung der Prinzipien und Einübung der Tugenden.

DIE EINZELNEN LINIEN

1 *Yang.* Freude durch Harmonie verheißt Glück. – *Bild* – Freude durch Harmonie verheißt Glück, weil Taten nicht angezweifelt werden.

2 *Yang.* Freude durch Aufrichtigkeit ist glückverheißend; Bedauern schwindet. – *Bild* – Freude durch Aufrichtigkeit ist glückverheißend, weil den Absichten Vertrauen entgegengebracht wird.

3 *Yin.* Erzwungene Freude bringt Unglück. – *Bild* – Das Unglück erzwungener Freude kommt daher, dass sie fehl am Platz ist.

4 *Yang.* Überlegte Freude ist unstet; tu sie entschlossen ab, und da wird Glück sein. – *Bild* – Das Glück des Starken in dieser Position kommt daher, dass er etwas zu feiern hat.

5 *Yang.* Räubern zu vertrauen birgt Gefahren. –

Bild – Um Räubern zu vertrauen, ist diese Position genau die richtige.

6 *Yin.* Anziehung ist erfreulich. – *Bild* – Freude durch Anziehung ist für die Schwachen in dieser Position noch nicht ruhmreich.

59.
Die Auflösung

Auflösung bringt Erfolg. Der König nähert sich dem Schrein. Es ist förderlich, große Flüsse zu durchqueren; dabei ist es förderlich, korrekt zu sein.

GESAMTURTEIL

Auflösung bringt Erfolg: Stärke kommt, sie ist unerschöpflich, Biegsamkeit findet ihren Platz im Äußeren, und oben besteht Übereinstimmung. Der König nähert sich dem Schrein; damit ist gemeint, dass der König sich nun in der Mitte befindet. Es ist förderlich, große Flüsse zu durchqueren, denn du vollendest etwas, indem du dem Strom folgst.

Der Wind bewegt sich über dem Wasser – das Symbol der Auflösung. Einst errichteten Könige Schreine, um Gott zu ehren.

DIE EINZELNEN LINIEN

1 *Yin.* Es bringt Glück, wenn das Pferd, das zu Hilfe kommt, stark ist. – *Bild* – Das Glück des Schwachen zu Beginn liegt im hingebungsvollen Folgen.

2 *Yang.* Tritt Auflösung ein, laufe, um zu helfen, und Bedauern schwindet. – *Bild* – Du läufst, um zu helfen, wenn Auflösung eintritt. Dann erlangst du, was du dir wünschst.

3 *Yin.* Löse dich selbst auf, und Bedauern schwindet. – *Bild* – Löst du dich selbst auf, ist dein Wille auf Äußeres gerichtet.

4 *Yin.* Die Menge auflösen verheißt großes Glück. Im Auflösen liegt Sammeln, aber nicht, wie gewöhnliche Menschen denken. – *Bild* – Eine Menge auflösen verheißt großes Glück und zeugt von ruhmreicher Größe.

5 *Yang.* Lässt du den großen Ruf überall dorthin dringen, wo Auflösung stattgefunden hat, gibt

es keinen Makel, wenn der König trotz der Auflösung bleibt. – *Bild* – Es gibt keinen Makel, wenn der König bleibt, denn das ist die angemessene Position.

6 *Yang.* Löse das Blut auf, geh weit weg, und es besteht kein Makel. – *Bild* – Löst du das Blut auf, hältst du dich von Schädlichem fern.

60.
Die Regelung

Regelung bringt Erfolg, aber an einer schmerzhaften Regelung darfst du nicht festhalten.

GESAMTURTEIL

Regelung bringt Erfolg, denn das Feste und das Biegsame sind gleichmäßig verteilt, und das Feste liegt in der Mitte. An einer schmerzhaften Regelung darfst du nicht festhalten, denn dieser Weg führt zur Erschöpfung. Geh freudig durch die Gefahr, und werde deiner Position auf geregelte Weise gerecht, meistere sie, indem du ausgewogen und aufrecht bist. Himmel und Erde haben ihre Regeln, und so folgen die vier Jahreszeiten aufeinander.

Werden Maßnahmen in geregelter Weise getroffen, beeinträchtigen sie weder die Besitztümer noch schaden sie den Menschen.

DAS BILD

Oberhalb des Sees ist Wasser – das Symbol der Regelung. Edle Menschen legen Zahlen und Maße fest und berücksichtigen dabei tugendhaftes Verhalten.

DIE EINZELNEN LINIEN

1 *Yang.* Da ist kein Makel, wenn du den inneren Hof nicht verlässt. – *Bild* – Wenn du den inneren Hof nicht verlässt, verstehst du, was Erfolg hat und was keinen Erfolg hat.
2 *Yang.* Es bringt Unglück, den äußeren Hof nicht zu verlassen. – *Bild* – Es bringt Unglück, den äußeren Hof nicht zu verlassen, denn so versäumst du Gelegenheiten.
3 *Yin.* Bist du ungeordnet, wird es dir leidtun, aber da ist niemand, der schuld wäre. – *Bild* – Wenn es dir leidtut, warum bist du dann ungeordnet? Wen sonst könnte eine Schuld treffen?
4 *Yin.* Beständige Regelung bringt Erfolg. –

Bild – Beständige Regelung bringt insofern Erfolg, als du in deinem Handeln einen höheren Weg beschreitest.

5 *Yang.* Eine angenehme Regelung ist glückverheißend; gehst du weiter, kommt Erhabenheit. – *Bild* – Eine angenehme Regelung ist glückverheißend, denn du weilst auf deinem Platz in der Mitte.

6 *Yin.* Es bringt Unglück, an einer schmerzhaften Regelung festzuhalten, aber das Bedauern schwindet. – *Bild* – Es bringt Unglück, an einer schmerzhaften Regelung festzuhalten, weil dies zur Erschöpfung führt.

61.
Die Wahrhaftigkeit in der Mitte

Wahrhaftigkeit in der Mitte ist glückverhei-
ßend für die Einfältigen. Sie ist hilfreich, will
man große Flüsse durchqueren. Sie ist den
Aufrechten förderlich.

GESAMTURTEIL

Ist die Wahrhaftigkeit in der Mitte, dann liegt die
Biegsamkeit im Inneren, und die Stärke erlangt
ihre Ausgewogenheit in der Mitte. So gestaltet
Wahrhaftigkeit freudig und harmonisch das Land
um. Dies ist selbst für die Einfältigen glückverheißend, denn die Kraft des Vertrauens erreicht
auch sie.
Sie ist hilfreich, will man große Flüsse durchqueren, denn es ist, als würde man in einem Boot
sitzen, das unbelastet der Strömung folgt. Hilft

man den Aufrechten mit Wahrhaftigkeit in der Mitte, so entspricht man dem Himmel.

Über dem See ist der Wind – das Symbol der Wahrhaftigkeit in der Mitte. Edle Menschen fällen Urteile nur nach reiflicher Erwägung und üben Nachsicht beim Verhängen der Todesstrafe.

DIE EINZELNEN LINIEN

1 *Yang.* Unbeirrte Konzentration bringt Glück. Ist da Ablenkung, findest du keine Ruhe. – *Bild* – Wer zu Beginn stark ist, dem bringt unbeirrte Konzentration Glück. Dies bedeutet, dass dein Wille nicht schwankt.

2 *Yang.* Ein rufender Kranich steht im Schatten; sein Junges gesellt sich zu ihm. Habe ich einen guten Becher, werde ich ihn mit dir leeren. – *Bild* – Dass sich dein Junges zu dir gesellt, wünschst du dir im Grunde deines Herzens.

3 *Yin.* Du triffst auf Widerstand; bald trommelst du, bald hältst du inne; bald weinst du, bald singst du. – *Bild* – Wenn du einmal trommelst

und einmal innehältst, kannst du deiner Position nicht gerecht werden.

4 *Yin.* Ist der Mond beinahe voll, bedeutet der Verlust der Gefährten keinen Makel. – *Bild* – Verlierst du Gefährten, trennst du dich von Gleichgesinnten, um höher aufzusteigen.

5 *Yang.* Wahrhaftigkeit zu besitzen, die fesselt, ist kein Makel. – *Bild* – Besitzt du Wahrhaftigkeit, die fesselt, dann füllst du deine Position korrekt aus.

6 *Yang.* Versucht ein Küken in den Himmel hinauf zu fliegen, bringt es Unglück weiterzumachen. – *Bild* – Ein Küken versucht in den Himmel hinauf zu fliegen; wie könnte das von Dauer sein?

62

Die Vorherrschaft des Kleinen

Herrscht das Kleine vor, ist es erfolgreich.
Es ist förderlich, korrekt zu sein. Es ist ei-
ner kleinen Sache angemessen, nicht einer
großen.
Der Ruf eines Vogels im Flug sollte nicht
aufsteigen, sondern absteigen. Dies verheißt
großes Glück.

GESAMTURTEIL

Die Vorherrschaft des Kleinen bedeutet, dass das
Kleine erfolgreich ist. Vorherrschaft, die dem
Korrekten förderlich ist, besteht darin, im Ein-
klang mit den Zeiten zu handeln. Biegsamkeit ist
in der Mitte, daher liegt das Glück in kleinen
Dingen.
Stärke hat ihren Platz verloren und ist unaus-

gewogen, deshalb für große Dinge ungenügend. Darin liegt das Bild eines fliegenden Vogels: Der Ruf eines Vogels im Fluge sollte nicht aufsteigen, sondern absteigen.

Dies wäre äußerst glückverheißend, denn aufsteigen bedeutet, gegen den Strom zu schwimmen, während absteigen mit dem Strom zu schwimmen heißt.

DAS BILD

Auf dem Berg ist der Donner – das Symbol der Vorherrschaft des Kleinen. Edle Menschen sind außerordentlich ehrerbietig in ihrem Verhalten, außerordentlich trauernd bei Todesfällen und außerordentlich bescheiden in ihren Bedürfnissen.

DIE EINZELNEN LINIEN

1 *Yin.* Ein Vogel, der fliegt, bringt Unglück. – *Bild* – Ein Vogel, der fliegt, bringt Unglück: Dies bezieht sich auf etwas, das man nicht ändern kann.

2 *Yin.* Du gehst an der Großmutter vorbei und

triffst die Mutter; du erreichst den Herrscher nicht, sondern triffst den Minister; da ist kein Makel. – *Bild* – Kannst du den Herrscher nicht erreichen, darfst du den Minister nicht übergehen.

3 *Yang.* Es bringt Unglück, wenn du nicht außerordentlich wachsam und abwehrend bist, falls dich Verfolger angreifen. – *Bild* – Verfolger mögen dich angreifen; dies bringt Unglück, aber die Frage ist, was du dagegen tun kannst.

4 *Yang.* Du triffst auf Makellosigkeit, wenn du nicht zu weit gehst. Ist es gefährlich weiterzugehen, musst du unter allen Umständen vorsichtig sein. Beharre nicht für immer darauf. – *Bild* – Triffst du auf etwas und gehst du dabei nicht zu weit, ist deine Position nicht angemessen. Ist es gefährlich weiterzugehen, musst du unbedingt vorsichtig sein; letztendlich kannst du nicht immer so weitermachen.

5 *Yin.* Dichte Wolken, die keinen Regen bringen, kommen aus deiner eigenen westlichen Umgebung. Ein Herzog schießt und nimmt die Beute in seine Höhle mit. – *Bild* – Dichte Wolken, die keinen Regen bringen, sind schon aufgezogen.

6 *Yin.* Du triffst ihn nicht, du gehst zu weit. Der

fliegende Vogel ist auf und davon. Dies bedeutet Unglück. – *Bild* – Du triffst ihn nicht, du
gehst zu weit: Du bist schon zu hoch hinauf
gegangen.

63.
Das bereits Vollendete

Der Erfolg des bereits Vollendeten hat seinen Tiefpunkt erreicht. Es ist förderlich, immer korrekt zu sein. Der Anfang ist glückverheißend, das Ende bringt Wirren.

GESAMTURTEIL

Der Erfolg des bereits Vollendeten ist ein Erfolg, der seinen Tiefpunkt erreicht hat. Es ist förderlich, immer korrekt zu sein, das heißt, auf die rechte Art und Weise und in den richtigen Situationen fest und biegsam zu sein. Ein Beginn, der glückverheißend ist, findet dann statt, wenn die Biegsamkeit ausgewogen ist; ist dies nicht mehr der Fall, herrscht Chaos, denn der anfangs eingeschlagene Weg erschöpft sich.

DAS BILD

Wasser ist oberhalb des Feuers – das Symbol des bereits Vollendeten. Edle Menschen bedenken mögliche Schwierigkeiten, um sie durch Vorausblick zu verhindern.

DIE EINZELNEN LINIEN

1 *Yang.* Hemme deine Räder, benetze deinen Schwanz, und du wirst keine Schwierigkeiten haben. – *Bild* – Hemme deine Räder, und es ist logisch, dass du keine Schwierigkeiten haben wirst.

2 *Yin.* Verliert eine Frau ihren Haarschmuck, sollte sie ihm nicht nachstellen; sie wird ihn in sieben Tagen erhalten. – *Bild* – Ihn in sieben Tagen erhalten bedeutet, den Weg der Mitte einzuschlagen.

3 *Yang.* Greift ein Herrscher die Barbaren an, braucht er drei Jahre, um ihr Land zu erobern. Verlass dich nicht auf Menschen niederer Gesinnung. – *Bild* – Braucht es drei Jahre, um ein Land zu erobern, so bedeutet dies Ermüdung.

4 *Yin.* Du hältst Flicken bereit, um das Leck zu stopfen, und bist den ganzen Tag wachsam. –

Bild – Bist du den ganzen Tag wachsam, gibt etwas Anlass zu Zweifeln.

5 *Yang.* Der geschlachtete Ochse der Nachbarn im Osten ist nicht so gut wie die einfache Zeremonie, die die Nachbarn im Westen abhalten, denn dadurch erlangen sie wirkliches Glück. – *Bild* – Was das Einhalten der Zeiten betrifft, können sich die Nachbarn im Osten beim Schlachten des Ochsen nicht mit den Nachbarn im Westen messen. Wirkliches Glück erlangst du, wenn sich Heil im Großen einstellt.

6 *Yin.* Wird der Kopf nass, bist du in Gefahr. – *Bild* – Wird der Kopf nass, bist du in Gefahr; wie lange kannst du das aushalten?

64.
Das noch nicht Vollendete

Das noch nicht Vollendete, das vollendet wird, ist ein kleiner Fuchs, der den Fluss fast durchquert hat; wird sein Schwanz nass, dann gibt es nichts zu gewinnen.

GESAMTURTEIL

Wird das noch nicht Vollendete vollendet, dann ist die Biegsamkeit ausgewogen. Ein kleiner Fuchs, der den Fluss fast durchquert hat, hat die Mitte noch nicht verlassen. Wird sein Schwanz nass, gibt es keinen Gewinn; mach also nicht bis zum Ende weiter. Dies ist eine Situation, in der Festigkeit und Biegsamkeit einander entsprechen, obwohl sie nicht an der richtigen Stelle sind.

Das Feuer ist oberhalb des Wassers – das Symbol des noch nicht Vollendeten. Edle Menschen sind vorsichtig in der Unterscheidung von Dingen und belassen sie an ihrem Platz.

DIE EINZELNEN LINIEN

1 *Yin.* Es ist erniedrigend, wenn der Schwanz nass wird. – *Bild* – Wird dein Schwanz nass, dann kennst du nicht einmal deine Grenzen.

2 *Yang.* Hemmst du die Räder, bringt es Glück, wenn du beharrlich und wahrhaft bist. – *Bild* – Für den Starken auf diesem Platz bedeutet beharrliche, glückbringende Wahrhaftigkeit, dass er ausgewogen und korrekt handelt.

3 *Yin.* Es verheißt Unglück, vor der Vollendung weiterzugehen, aber es ist förderlich, große Flüsse zu durchqueren. – *Bild* – Es verheißt Unglück, vor der Vollendung weiterzugehen, weil die Situation nicht die richtige ist.

4 *Yang.* Integrität ist glückverheißend; Bedauern schwindet. Erhebe dich, um die Barbaren zu besiegen, und in drei Jahren wirst du mit einem großen Reich belohnt. – *Bild* – Integrität ist

glückverheißend, denn Bedauern schwindet; dies ist dann der Fall, wenn eine Absicht in die Tat umgesetzt wird.

5 *Yin.* Integrität ist glückverheißend; es gibt kein Bedauern. Wenn das Licht eines edlen Menschen wahrhaftig ist, bringt das Glück. – *Bild* – Das strahlende Licht eines edlen Menschen bringt Glück.

6 *Yang.* Trinkst du Wein in wahrem Vertrauen, dann gibt es keinen Makel, tauchst du deinen Kopf aber ein, ist es nicht mehr recht, zu vertrauen. – *Bild* – Tauchst du deinen Kopf ein, wenn du Wein trinkst, bist du unmäßig.

Anmerkungen

Gesamturteil

»Wolken und Regen« symbolisieren Fruchtbarkeit.

»Sechs Stufen«/»sechs Drachen« beziehen sich auf die sechs Bestandteile eines Hexagramms.

»Drachen« symbolisiert Energie und Kraft.

Die einzelnen Linien

Die sechs Linien des Hexagramms »Das Schöpferische« sind die Vorbilder für den Prozess der spirituellen Alchemie, bekannt als das »Vorantreiben des Yang-Feuers«, d. h. das Entwickeln der Energie. Der allgemeine Prozess, veranschaulicht durch die sechs Drachen, kann auf jedes beliebige Handeln bezogen werden. Eine besondere innere Bedeutung kommt ihm allerdings im Lauf der Entwicklung und Läuterung des Bewusstseins durch die Methoden der geistigen Alchemie zu.

2. DAS EMPFANGENDE

»Keusch« bedeutet gezügelt, beständig, wahrhaftig.
»Stute« symbolisiert die sanfte, hingebungsvolle Kraft, die Kraft des Yin.

Die einzelnen Linien

Die sechs Linien des Hexagramms »Das Empfangende« sind die Vorbilder für jenen Prozess, durch den die Energie gemäßigt und eine kontrollierte, lenkbare Kraft erlangt wird.

5 Yin: »Gelb« symbolisiert die Mitte, das Zentrum, das Gleichgewicht.
6 Yin: »Auf offenem Feld kämpfen« steht für das Besiegen der inneren Dämonen. »Ihr Blut ist von schwärzlichem Gelb« bedeutet, dass das Gleichgewicht verlorengegangen ist.

»Große Flüsse durchqueren« bedeutet, ein wichtiges Unternehmen auszuführen.

Die einzelnen Linien

6 Yin: »Drei Gäste kommen, ohne Eile« steht für das allmähliche Aufsteigen der positiven Energie, die die ersten drei Yang-Linien symbolisieren.

8. DIE ÜBEREINSTIMMUNG

Die einzelnen Linien

1 Yin: »Irdene Schale« steht für den reinen, einfachen Herz-Geist.

9. DAS NÄHREN DES KLEINEN

»Dichte Wolken, die keinen Regen bringen, kommen aus einer Region in deinem eigenen Westen« symbolisiert die Energie, die sich aufgrund innerer Passivität allmählich aufbaut, bevor sie sich dann im Handeln entlädt.

Der Westen ist symbolisch verbunden mit dem

Yin-Aspekt, der auch durch das Kleine repräsentiert wird.

10. DAS AUFTRETEN

»Einem Tiger auf den Schwanz treten« bedeutet, durch gefährliche oder heikle Situationen zu gehen, was große Vorsicht und Taktgefühl verlangt.

11. DIE STILLE

Die einzelnen Linien

1 Yang: »Ein Schilfrohr« ist ein Gras, dessen Halme aus einer gemeinsamen Wurzel wachsen. Wird ein Halm ausgerissen, reißt man auch andere mit aus. Dies symbolisiert das Sammeln und Konzentrieren von Aufmerksamkeit, Loyalität, Anstrengung oder anderen Ressourcen, die einer Gruppe zur Verfügung stehen.

5 Yin: »Der Herrscher verheiratet seine jüngere Schwester, um Glück zu erlangen« symbolisiert ein Handeln, das die eigenen Bestrebungen auf ausgewogene Weise berücksichtigt, denn die Heirat ist eine Verbindung, durch die Macht sowohl vereint als auch geteilt wird.

»Gleichheit mit Menschen in der Wildnis« symbolisiert die Zusammenarbeit mit anderen, wenn objektiv Bedürftigkeit und Mangel herrscht.

Die einzelnen Linien

4 Yang: »Du besteigst die Mauern und greifst erfolglos an. Dies bringt Glück.« Damit ist gemeint, dass es nur rechtens ist, wenn eine Aggression keinen Erfolg zeitigt.

5 Yang: »Zuerst weinst du, später lachst du: Der große General ist siegreich und hält dann Treffen ab«: Ehrlichkeit mag am Anfang schmerzvoll sein, aber wenn sie einmal verwirklicht ist, können sich gute Beziehungen entwickeln.

15. DIE BESCHEIDENHEIT

Die einzelnen Linien

1 Yin: »Bescheiden in ihrer Bescheidenheit« meint eine Bescheidenheit, die weder gekünstelt noch selbstbewusst ist.

4 Yin: »Bescheidenheit verbreiten« bedeutet, sie auf alle Aspekte des menschlichen Lebens anzuwenden.

17. DAS NACHFOLGEN

Die einzelnen Linien

1 Yang: »Außerhalb des Tores« steht für das öffentliche Leben.
2 Yin: »Kind/Erwachsener« symbolisiert kleinere oder größere Angelegenheiten oder Sorgen.

19. DAS ÜBERWACHEN

»Der achte Monat« symbolisiert das Schwinden der positiven Energie.

21. DAS DURCHBEISSEN

»Durchbeißen« bedeutet Schwierigkeiten ein für allemal aus der Welt schaffen.

Die einzelnen Linien

6 Yang: Ein »hölzerner Kragen« ist ein großer Holzblock, der zur Strafe am Hals befestigt wird.

22. DER SCHMUCK

Die einzelnen Linien

5 Yin: »Um Hügel und Gärten zu schmücken, ist ein Ballen Seide zu klein. Da ist Beschämung, aber am Ende kommt Heil.« Schlichtheit und Beschränkung aufs Wesentliche mögen Menschen in höheren Positionen vielleicht nicht entsprechen, aber die Ergebnisse sind gut.

23. DAS WEGREISSEN

Die einzelnen Linien

5 Yin: »Ein Schwarm Fische« bezieht sich auf die erste bis vierte Yin-Linie, die eine Gruppe demütiger Personen repräsentieren.

25. DIE UNBEIRRBARKEIT

Die einzelnen Linien

3 Yin: »Das Unglück der Unbeirrbarkeit« steht für ein Festhalten an schädlichen fixen Vorstellungen.

29. STETE ABGRÜNDE

Die einzelnen Linien

4 Yin: »Benütze eine schlichte Schale« bedeutet, ungekünstelt zu sein. »Durch das Fenster ein Versprechen geben« steht für offene, klare Kommunikation.

30. DAS FEUER

Die einzelnen Linien

6 Yang: »Die Gefangenen sind nicht von der gleichen Art, deshalb trifft sie keine Schuld.« Nur die Anführer eines Aufruhrs sind das Ziel einer Strafaktion; die Massen der Anhänger werden von äußeren Kräften gelenkt, deshalb sind sie nicht unbedingt vom gleichen Schlag wie Anstifter und Rädelsführer.

31. DAS EMPFINDSAME EINWIRKEN

Die einzelnen Linien

2 Yin: »Empfindsames Einwirken in den Waden bringt Unheil. Verweilen bringt Heil.« Die Wade muss der Richtung des Fußes folgen, soll

sich das Bein bewegen: Dreht sich der Fuß in eine falsche Richtung und folgt die Wade nicht, wird das Bein sich nicht in diese Richtung bewegen. Dies ist die Funktion des sekundären Bewusstseins und der Selbstprüfung.

3 Yang: »Weitergehen ist beschämend« in dem Sinne, dass es niedrig ist, fremdbestimmt und nicht eigenständig zu sein.

6 Yin: »Den Mund beim Sprechen weit zu öffnen« bezieht sich auf Angelegenheiten, die so heikel sind, dass sie im Flüsterton mitgeteilt werden.

32. DIE BESTÄNDIGKEIT

Die einzelnen Linien

5 Yin: Hier ist mit »Frau« das Yin gemeint, die einsgerichtete Hingabe, während »Mann« das Yang meint, die Aufmerksamkeit, die sich auf vieles richtet. Beide Aspekte existieren in jedem Menschen, sind aber am wirksamsten, wenn sie zur rechten Zeit am rechten Ort eingesetzt werden.

Die einzelnen Linien

1 Yang: »Ist die Kraft in den Füßen« bezieht sich auf die impulsive Antriebskraft; in diesem Fall »wird die Gewissheit schwinden«, wenn die Emotion nachlässt.

5 Yin: »Du verlierst leichthin den Widder« bedeutet, die Energie zu verlieren, weil man selbstzufrieden wird.

35. DER FORTSCHRITT

»Ein Fürst in sicherer Stellung benützt Pferde in großer Menge« – ein Führer, dessen Stellung unumstritten ist und der seine Macht und die ihm daraus erwachsenden Vorrechte nicht für sich allein in Anspruch nimmt, gewinnt an Stärke, indem er mit anderen teilt.

Die einzelnen Linien

2 Yin: »Großmutter« steht für die Yin-Linie an fünfter Stelle in diesem Hexagramm.

4 Yang: »Wie ein Eichhörnchen« bedeutet irrend, unbeständig, als würde man von einem Zweig zum anderen hüpfen.

6 Yang: »Die Hörner werden nur vorangetrieben, um das Kernland zu erobern«. – Gemäß alten humanistischen Philosophien wie Taoismus und ursprünglichem Konfuzianismus sollte korrigierend eingreifendes aggressives Handeln nur gegen sich selbst oder gegen den eigenen Aktivitätsbereich gerichtet sein, denn es ist unmöglich, andere zu ändern, ohne sich selbst zuerst geändert zu haben. Außerdem gingen diese Traditionen davon aus, dass eine vollkommen gerechte Aktion keines massiven Eingriffs bedürfe, weil die von wahrer Gerechtigkeit ausgehende Kraft die Dynamik der Situation als Ganzes beeinflussen würde.

39. DAS HEMMNIS

Angesichts eines Hemmnisses ist der Südwesten vorteilhaft, nicht der Nordosten. Der Südwesten wird mit Eigenschaften wie Empfänglichkeit und Harmonie assoziiert, er ist still und offen; der Nordwesten wird mit dem Hemmen und Beeinträchtigen der Energie assoziiert. Es kommt im Falle eines Hemmnisses durch Hindernisse darauf an, in einem Zustand der wachen Ausgeglichenheit zu verweilen und nicht in dumpfe Passivität oder Hemmung zu verfallen; nur so ist es möglich, Hindernisse zu überwinden und ein Hemmnis aufzulösen.

40. DIE LÖSUNG

»Für die Lösung ist der Südwesten förderlich«: Siehe Anmerkung zu Hexagramm 39.

Die einzelnen Linien

2 Yang: »Drei Füchse« steht für die drei Yin-Linien über dieser Linie des Hexagramms; »drei Füchse fangen« bedeutet, jene zu führen, die einen höheren Rang innehaben, aber über geringere Fähigkeiten verfügen.

4 Yang: »Entfernst du deine große Zehe«, dann bist du nicht ungestüm oder aggressiv.

41. DIE MINDERUNG

Die »zwei Schalen« repräsentieren die Aspekte von Yin und Yang: Füllen und Leeren, Aktivität und Passivität.

5 Yin: »Zehn Paar Schildkröten« – Schildkröten wurden sowohl wegen ihres Fleisches als auch wegen ihres Panzers geschätzt; zehn Paar konnten auch zur Zucht eingesetzt werden und stellten daher eine sich selbst erneuernde Quelle des Reichtums dar. Deshalb stehen zehn Paar Schildkröten für reiche Mittel und Hilfe von oben.

42. DIE MEHRUNG

Die einzelnen Linien

2 Yin: »Zehn Paar Schildkröten«: Siehe Anmerkung zu Hexagramm 41.

»Es verheißt dem König Glück, wenn er dem Gott entschlossen Opfer darbringt.« – Jene, die erfolgreich sind, sollten dankbar für die Hilfe sein, die sie erhalten haben, und ihren Erfolg nicht nur sich selbst zuschreiben; dies bringt ihnen Glück, weil es ihnen erlaubt, Hochmut und Selbstgefälligkeit zu vermeiden, die ihnen sonst zum Verhängnis werden könnten.

43. DIE ENTSCHLOSSENHEIT

Die einzelnen Linien

3 Yang: »Kraft im Gesicht« bezieht sich auf Gefühle, die sich im Gesicht widerspiegeln.

44. DAS ZUSAMMENTREFFEN

Die einzelnen Linien

1 Yin: »Ein ausgemergeltes Schwein« steht für einen verzweifelten Menschen.

46. DAS EMPORSTEIGEN

»Ein Feldzug in den Süden bringt Glück.« Der Süden wird mit Feuer assoziiert, das seinerseits für Wahrnehmungsfähigkeit, Bewusstsein und Intelligenz steht.

Die einzelnen Linien

2 Yang: »Eine Zeremonie abhalten« bedeutet, höflich zu sein.

47. DIE ERSCHÖPFUNG

Die einzelnen Linien

2 Yang: »Die königliche Robe« symbolisiert die Erhebung in eine geachtete Stellung.

4 Yang: »Gold« symbolisiert den Yang-Aspekt.

49. DER WANDEL

Die einzelnen Linien

1 Yang: »Benütze das Fell eines gelben Ochsen« bedeutet, fest, ausgewogen und schweigsam zu sein.

50. DER SCHMELZTIEGEL

Die einzelnen Linien

1 Yin: »Nimmst du eine Konkubine, gibt es keinen Makel, solange sie einen Sohn hat.« Werden Mittel zweiter Wahl ergriffen und sind sie imstande, die jeweilige Aufgabe zu erfüllen, dann werden sie als gut genug angesehen.

3 Yang: »Das Fett des Fasans« steht für reiches Essen und einen hohen Lebensstandard.

»Erst wenn Regen fällt« heißt, wenn das Yang durch das Yin gemäßigt wird.

5 Yin: Hier symbolisiert »golden« ausgewogene Balance (denn die Farbe des Goldes ist gelb), während »Jade« für Biegsamkeit und Gelassenheit steht.

6 Yang: »Ein Henkel aus Jade« steht für das Yin; ein Yin-Symbol in einer Yang-Linie steht für die Kombination von Yin und Yang, die den Weg darstellt: Deshalb ist diese Kombination besonders glückverheißend und förderlich.

51. DER DONNER

Die einzelnen Linien

2 Yin: »Du ersteigst neun Hügel«: Die Zahl Neun ist ein Symbol des Yang, vor allem des alten Yang; hier steht »du ersteigst neun Hügel« für das Yin, das das Yang sucht.

»Du wirst ihn in sieben Tagen erlangen«: Die Zahl Sieben symbolisiert das junge Yang; sie steht auch für 6 + 1, d. h. für die nächste Phase der Entwicklung, die auf das folgt, was die sechs Linien des Hexagramms zum Ausdruck bringen.

Die einzelnen Linien

2 Yin: »Siehst du am Mittag den Nordstern«, dann herrscht Finsternis, wenn es eigentlich hell sein sollte.

3 Yang: »Siehst du Tröpfchen in der Sonne«, dann kommt es zu einer Streuung des Lichts.

56. DAS REISEN

Die einzelnen Linien

3 Yang: »Brennst du auf deiner Reise die Herberge nieder und verlierst du deine Diener, …« – Gehst du auf sorglose, zerstörerische Art und Weise mit menschlichen und materiellen Ressourcen um …

5 Yin: »Du schießt einen Fasan, und ein Pfeil ist verloren.« Ein Opfer kann nötig sein, wenn du ein bestimmtes Ziel erreichen willst.

Die einzelnen Linien

2 Yin: Großmutter   steht hier für 1 Yin
         Mutter   steht hier für 5 Yin
         Herrscher   steht hier für 5 Yin
         Minister   steht hier für 4 Yang.

Die Eigenschaften der zweiten Linie sollten sich aufgrund ihrer Position mit jenen der fünften verbinden. Wenn aber das Niveau der fünften Linie nicht erreicht wird, können sich das Yin auf dem zweiten Platz und das Yang auf dem vierten Platz dank ihrer komplementären Eigenschaften verbinden.

5 Yin: Der »Herzog« symbolisiert die fünfte Linie, die für Führerschaft steht. »Seine Beute in die Höhle mitnehmen« bedeutet, dass man sich der Dinge annimmt, während sie noch klein oder subtil sind.

63. DAS BEREITS VOLLENDETE

Die einzelnen Linien

1 Yang: »Hemme deine Räder, benetze deinen Schwanz« – Verlangsame und halte inne.

2 Yin: Der »Haarschmuck einer Frau« bezieht

sich auf das Yang-Komplement des Yin; hier ist damit vor allem das komplementäre Yang auf dem fünften Platz gemeint.

6 Yin: »Wird der Kopf nass« bedeutet, dass du zu sehr in etwas verstrickt bist.

ANHANG

Liste der Hexagramme
mit ihren primären Korrelaten und
strukturellen Komplementen

HEXAGRAMM	KORRELAT	KOMPLEMENT
1. Das Schöpferische	2. Das Empfangende	2. Das Empfangende
2. Das Empfangende	1. Das Schöpferische	1. Das Schöpferische
3. Die Schwierigkeit	20. Das Betrachten	50. Der Schmelztiegel
4. Die Unschuld	19. Das Überwachen	49. Der Wandel
5. Das Warten	57. Die Anpassung	35. Der Fortschritt
6. Der Streit	58. Die Freude	36. Die Verletzung der Erleuchteten
7. Die Armee	13. Die Gleichheit mit Menschen	13. Die Gleichheit mit Menschen
8. Die Übereinstimmung	27. Das Ernähren	14. Der große Besitz
9. Das Nähren des Kleinen	32. Die Beständigkeit	16. Das Glück
10. Das Auftreten	46. Das Emporsteigen	15. Die Bescheidenheit
11. Die Stille	18. Der Zerfall	12. Die Stockung

HEXAGRAMM	KORRELAT	KOMPLEMENT
54. Das heiratende Mädchen	64. Das noch nicht Vollendete	53. Das allmähliche Fortschreiten
55. Die Fülle	56. Das Reisen	59. Die Auflösung
56. Das Reisen	55. Die Fülle	60. Die Regelung
57. Die Anpassung	5. Das Warten	51. Der Donner
58. Die Freude	6. Der Streit	52. Die Berge
59. Die Auflösung	60. Die Regelung	55. Die Fülle
60. Die Regelung	59. Die Auflösung	56. Die Reise
61. Die Wahrhaftigkeit in der Mitte	40. Die Lösung	62. Die Vorherrschaft des Kleinen
62. Die Vorherrschaft des Kleinen	37. Die Familie	61. Die Wahrhaftigkeit in der Mitte
63. Das bereits Vollendete	53. Das allmähliche Fortschreiten	64. Das noch nicht Vollendete
64. Das noch nicht Vollendete	54. Das heiratende Mädchen	63. Das bereits Vollendete

Trigramme Oberes → Unteres ↓	Himmel	See	Donner	Feuer	Erde	Berg	Wasser	Wind
Himmel	1	43	34	14	11	26	5	9
See	10	58	54	38	19	41	60	61
Donner	25	17	51	21	24	27	3	42
Feuer	13	49	55	30	36	22	63	37
Erde	12	45	16	35	2	23	8	20
Berg	33	31	62	56	15	52	39	53
Wasser	6	47	40	64	7	4	29	59
Wind	44	28	32	50	46	18	48	57

Lao Tse
Tao-Te-King

Ins Deutsche übertragen von Hans J. Knospe
und Odette Brändli
Mit einem Nachwort von Knut Walf

Das *Tao-Te-King* von Lao Tse, das Buch vom rechten Sinn und Weg, dürfte nach der Bibel das am weitesten verbreitete und meistübersetzte Buch sein. Die Alternativbewegung könnte bei Lao Tse manche Anregung oder Bestätigung finden. Er ist geradezu der Verkünder der Maxime *small is beautiful* und eines einfachen Lebens. Die Hauptlehre: Lebe nicht nach außen, sondern nach innen.

»In der jahrtausendealten Spruchsammlung Lao Tses ist ein Schatz erstaunlicher Menschenkenntnis und Lebensweisheit aufgestapelt, von dem wir heute noch profitieren können.« *Egon Friedell*

»Alles Leid über die Hinfälligkeit unseres Daseins, aller Trost und aller Humor darüber sind darin schon zum Ausdruck gekommen. Es ist eines der großen Menschheitsbücher.« *Hermann Hesse*

»Wer andere kennt, ist klug. Wer sich selbst kennt, ist weise.« *Lao Tse*

»Aber rühmen wir nicht nur den Weisen
Dessen Name auf dem Buche prangt!
Denn man muß dem Weisen seine Weisheit
  erst entreißen.
Darum sei der Zöllner auch bedankt:
Er hat sie ihm abverlangt.«
Bertolt Brecht / Legende von der Entstehung des Buches Tao-Te-King auf dem Weg des Lao Tse in die Emigration

des persönlichen Glücks und der Sinnsuche als auch um Probleme der Ökologie und des Weltfriedens.

»Die bösen Gedanken sind unsere wirklichen Feinde.«
Dalai Lama

»Eine Begegnung mit dem Dalai Lama verändert unser Leben. Herz und Verstand erfahren eine vollkommene Wandlung. Der Dalai Lama ist der einfachste und der komplexeste Mensch, den ich kenne. Er ist Künstler und Bauer. Er ist – wie jeder große Geist – dazu fähig, uns auf allen Ebenen anzusprechen.« *Richard Gere*

Meine spirituelle Autobiographie
Herausgegeben von Sofia Stril-Rever
Aus dem Französischen von Inge Stadler

»Ich komme aus einfachen Verhältnissen, bin Sohn einer Bauernfamilie. Meine Eltern hätten nie gedacht, dass ich der vierzehnte Dalai Lama sein könnte.« Der Dalai Lama erzählt aus seiner Kindheit und davon, wie er die Prüfungen der Delegation zur Auffindung des Dalai Lama bestand. Noch heute staunt er darüber, dass man ihn damals in seinem kleinen Dorf, weitab von der großen Welt, überhaupt finden konnte.
Doch dieses Buch ist nicht einfach die Autobiographie des Dalai Lama, sondern seine spirituelle Autobiographie. Darin geht es nicht nur um das eine, private Leben; es geht um viel mehr. Es ist ein Rückblick, der den Blick in die Zukunft mit enthält. Was konnte verbessert werden – und was bleibt noch zu tun?

»Seine Worte beeindrucken durch ihre Klugheit und Weitsicht. Und sein vielleicht bestes Argument, das verschmitzte Lächeln, blitzt auch zwischen den Zeilen dieses Buches immer wieder auf.« *Brigitte, Hamburg*

Auch als Diogenes Hörbuch erschienen,
gelesen von Hanns Zischler

Epikur
Über das Glück

Aus dem Altgriechischen und herausgegeben von
Séverine Gindro und David Vitali
Mit einem Vorwort von
Ludwig Marcuse

Der griechische Philosoph Epikur, geboren 342 v. Chr., gründete in Kleinasien eine eigene philosophische Schule. Mit seinen Schülern zog er bald nach Athen und lebte dort vor den Toren der Stadt in einem Haus mit einem schönen, kleinen Garten – im Volksmund wurden die Gelehrten der Schule bald ›die Philosophen vom Garten‹ genannt. Die Texte des Vielschreibers Epikur sind oft nur indirekt überliefert. Dieser Band enthält unter anderem den Brief an Menoikeus, die eigentliche Glückslehre Epikurs, und seinen Abschiedsbrief vom Sterbebett.

»Es ist unmöglich, angenehm zu leben, ohne vernünftig, gut und gerecht zu leben, ebensowenig vernünftig, gut und gerecht zu leben, ohne angenehm zu leben. Wem dies nicht möglich ist, der kann kein angenehmes Leben führen.« *Epikur*

»Er ist die Verkündigung gewesen: Es kommt alles darauf an, daß du, Mensch, der du heute und hier lebst, glücklich lebst. Du bist da, um dein einziges, einmaliges Leben mit Glück zu füllen. Diese Entdeckung trägt den Namen Epikur.« *Ludwig Marcuse*

Denken mit ...
im Diogenes Verlag

> »Alles Gescheite ist schon gedacht worden, man
> muß nur versuchen, es noch einmal zu denken.«
> *Johann Wolfgang Goethe*

Denken mit Federico Fellini
Aus Gesprächen Federico Fellinis mit Journalisten, ausgewählt von Daniel Keel. Mit Zeichnungen von Federico Fellini

Denken mit Mahatma Gandhi
Auswahl aus den Schriften. Ausgewählt und mit einem Vorwort von Gertrude und Thomas Sartory. Aus dem Englischen von Fritz Kraus und Emil Roniger

Denken mit Immanuel Kant
Eine Einführung in die Gedankenwelt des Vaters der modernen Philosophie von Wolfgang Kraus. Mit einem Essay von Otto A. Böhmer

Denken mit Ludwig Marcuse
Über Aufklärung und Abstumpfung, Einsamkeit und Engagement, Macht und Massenkultur, Vergänglichkeit und Vernunft

Denken mit
W. Somerset Maugham
Herausgegeben von Thomas und Simone Stölzel. Mit einem Vorwort von Thomas Stölzel und einem Nachwort von Simone Stölzel

Denken mit George Orwell
Ein Wegweiser in die Zukunft. Ausgewählt von Fritz Senn und Christian Strich. Aus dem Englischen von Felix Gasbarra und Tina Richter

Denken mit Arthur Schopenhauer
Vom Lauf der Zeit, dem wahren Wesen der Dinge, dem Pessimismus, dem Tod und der Lebenskunst. Herausgegeben und mit einem Nachwort von Otto A. Böhmer

Denken mit
Henry David Thoreau
Von Natur und Zivilisation, Einsamkeit und Freundschaft, Wissenschaft und Politik. Ausgewählt, aus dem Amerikanischen übersetzt und mit einem Vorwort von Philipp Wolff-Windegg

Denken mit Voltaire
Eine Auswahl aus dem Gesamtwerk. Herausgegeben von Wolfgang Kraus

Denken mit Oscar Wilde
Extravagante Gedanken über die Magie der Schönheit und die allmächtige Kunst, Kritik als Schöpfung, das dekorative Geschlecht und die menschliche Tragikomödie. Herausgegeben und mit einem Vorwort von Wolfgang Kraus